中国人文之旅

厦门

宣庆坤　朱涵葆　编著

时代出版传媒股份有限公司
安徽科学技术出版社

图书在版编目(CIP)数据

中国人文之旅.厦门 / 宣庆坤,朱涵葆编著.--合肥:
安徽科学技术出版社,2016.10(2024.3重印)
ISBN 978-7-5337-6865-2

Ⅰ.①中… Ⅱ.①宣…②朱… Ⅲ.①旅游指南-厦
门市 Ⅳ.①K928.9

中国版本图书馆 CIP 数据核字(2015)第 306663 号

ZHONGGUO RENWEN ZHI LU SHAMEN

中国人文之旅 厦门

宣庆坤 朱涵葆 编著

出 版 人:王筱文　　　选题策划:王 勇　　　责任编辑:王 勇
责任校对:陈会兰　　　责任印制:梁东兵　　　封面设计:数码创意
出版发行:安徽科学技术出版社　　　http://www.ahstp.net
　　　　　(合肥市政务文化新区翡翠路 1118 号出版传媒广场,邮编:230071)
　　电话:(0551)63533330
印　　制:永清县晔盛亚胶印有限公司　　　电话:(0316)6658662
(如发现印装质量问题,影响阅读,请与印刷厂商联系调换)

开本:710×1010　1/16　　　印张:15　　　字数:288 千
版次:2016 年 10 月第 1 版　　　2024 年 3 月第 2 次印刷

ISBN 978-7-5337-6865-2　　　　　　　　　　定价:78.00 元

厦门是中国最早实行对外开放政策的四个经济特区之一，也是现代化国际性港口，风景旅游城市。

厦门市位于台湾海峡西岸中部、闽南金三角的中心，属温带亚热带气候，温和多雨，年平均气温在21℃左右，夏无酷暑，冬无严寒。年平均降雨量在1 200毫米左右。

厦门由厦门岛、鼓浪屿、内陆九龙江北岸的沿海部分地区以及同安等组成，陆地面积1 699.39平方千米，海域面积300多平方千米，地形以滨海平原、台地和丘陵为主。

厦门市人口中以汉族居多，另有满、壮、畲、苗及高山等20多个少数民族。由于地理环境和历史背景的因素，拥有众多的归侨、侨眷及厦门籍侨胞和港、澳、台同胞。

厦门有着悠久的历史，其建城史最早可追溯到公元282年，1933年设市。新中国成立前，厦门是个半封建半殖民地的商业消费性海岛城市，经济基础脆弱，生产落后，改革开放后才渐渐发展起来。

悠久的历史造就了古老的建筑和厚重的文化。来到厦门，你可以去林语堂故居看一看，体会一下著名学者平日里的生活环境；或是去苏颂故居走一走，回顾一下这位宋代宰相的人生历程……在厦门，这样的老建筑很多，而且往往其背后都有一段精彩的故事，等待你去发掘。除了老建筑，厦门还有各式各样、大大小小的博物馆，如观复博物馆、风琴博物馆、桥梁博物馆等，在这些博物馆里徜徉，不仅开阔了眼界，也增长了知识。

作为一座海滨城市，厦门的风光自然让人向往。提到厦门旅游，人们首先想到的便是5A级旅游景区——鼓浪屿。除了名声在外的鼓浪屿外，当然还有许多其他的美景值得你去欣赏。如梅海岭、避暑洞、白鹭洲公园、火烧屿生态乐园等。

来到厦门，怎可不品尝当地的美食？香鲜细腻的海蛎煎、色香味俱佳的土笋冻、滋而不腻的姜母鸭，仅是听到这些名字，你是不是已经垂涎欲滴了呢？那就选上几款自己喜欢的去品尝吧，哪怕统统尝遍又有何妨？

除了体验浓厚的历史文化底蕴、欣赏如诗如画的海滨美景、尝一尝当地的特色美食外，静静地坐下来，和当地人学一学当地的方言，也颇有一番情趣，一定会让你觉得不虚此行！

目 录
CONTENTS

第 1 章

老建筑，无边的往事

菽庄花园——园在海上,海在园中

菽庄花园建于1913年,背倚日光岩,面向大海,原本是地方名士林尔嘉的私人别墅。"菽庄",是主人的字"叔臧"的谐音,也有"稻菽主人庄园"寓意,以此纪念祖上以垦殖业发家致富。

　　菽庄花园位于鼓浪屿之上,全园占地三千余平方米,其中暗藏海景,巧用山石,造景手段相当高超。菽庄花园原来不是公园,而是私园。主人林维源是一位红顶大台商。人常说故土难离,尽管厦门距台湾不远,两地气候风物也几多相似,可是林先生怀念小时生活在台湾的时光,因此以家族花园"板桥别墅"为模板,参照江南名园,修建了菽庄花园。

菽庄花园的内景

中日甲午海战，大清国失利后慈禧太后咬咬牙，签订了《马关条约》。割地赔款什么的已经够屈辱了，没想台湾也被日本人瞄上。不想当亡国奴的台湾军民，决定为自己的命运破釜沉舟，抗击日寇。台湾时任总兵刘永福等爱国将领，团结一致率领"黑旗军"抗日。可是清政府却召告驻台官兵回大陆，生怕惹急了"日本人"。团防大臣林维源，也在召回之列。林维源只得带着妻儿老小，一步三回头告别了台湾，搬到了鼓浪屿。

林维源在台湾期间，最初在礼部太常寺就职，官高三品。当年正值刘铭传巡抚任内，刘铭传需要展开税收改革，敦促大地主多交税。林维源带头纳税，还积极帮官府做动员工作。这样一来，台湾税收快速迈上新台阶。这之后，台湾的不少重大事件，林维源都积极参与。包括修建铁路，办实业，购买两艘英匡大船；响应政府的养蚕纺纱；建过台湾"贵德街"小洋楼，破天荒地做成商铺出租……

公元1868年，大清国同治末年，清政府每况愈下，又签了个《樟脑条约》，准许英国将台湾樟脑贩卖出去。英国人用中国人的物资赚中国人的钱，还屡屡对台湾鸣枪开炮。为巩固台湾海防线，林维源慷慨解囊，头回就捐出三十多万两白银。

林家的根扎在台湾板桥，祖传的园林叫作板桥别墅，也就是俗称的林家花园。一家子离开台湾、定居厦门之后，林维源一直对老宅念念不忘。他决定原样异地重修一座"林家花园"。这就是菽庄花园的雏形，又名"小板桥"。林维源的《题官城山听泉图》写道："为语山前水，滔滔向别川。出山容易浊，莫负在山泉。为语山上云，溶溶出岫去。出岫本无心，莫忘故山处。"

林维源1905年辞世后，林尔嘉子承父业，继续经营厦门"小板桥"，匾额"菽庄"被挂上门楣。抬头望匾，"菽庄"二字端庄浑厚，是那种毫不张扬的漂亮，题字的是民国"大总统"徐世昌，当时林家付了一万块大洋的润笔费。20世纪50年代，林尔嘉先生将菽庄花园捐给了人民政府，然后百姓才有机会欣赏这座美园。

菽庄花园的小桥流水

林尔嘉先生

　　菽庄花园依山傍海，其中精美亭台数不胜数，树叶格外干净青翠。如果能静下心来，贴在墙根儿底下，尽情呷摸那种朦胧的浪涛声，真是妙境。

门票信息： 30元。

开放时间： 6：00—18：30。

交通导航： 乘渡轮至鼓浪屿观海园码头上岸，步行几分钟即到。对开航班：早高峰 7：00—8：30(每十分钟一班) 中午高峰 11：30—12：30(每十分钟一班)。下午高峰13：30—14：30(每十分钟一班) 晚高峰 17：00—18：30 (每十分钟一班)。其他时间每十五分钟一班。

三一堂——值得你驻足留念

三一堂建于20世纪初期，是鼓浪屿上最早的礼拜堂。三一堂的建筑独具一格，呈十字立体式的罕见造型。

二百多年之前，厦门岛上只有几处规模较小的礼拜堂，以供登岛洋人使用。因为各种原因，周围的教徒一日日多了起来，这就有了先期的新礼拜堂和福音堂。鼓浪屿没有太多人口，所以从未将建设一所教堂列入日程，多数有需要的人都是直奔厦门。然而，由于海岛的特殊气候，下雨刮台风出不了门，久而久之，虔诚的基督徒就打算在鼓浪屿建起自己的教堂。于是一呼百应，三一堂顺势开工建设。

大约到了1934年，三一堂主体基本完工，可是收尾工程一直进行到1945年秋天。所谓"三一堂"，有个深层含义，那就是圣父、圣子和圣灵，三圣同位合一。非常巧合，三一堂也是由三个教会组织联合兴建的。

绿树成荫的鼓浪屿上，三一堂成了一道独特风景。那些红砖黄瓦，尖屋顶，白剪边，窗扇极大，俨然一座梦幻城堡。鉴于信徒较多，如何在有限时空内，使得教堂容量更大、传音效果更好？经过集思广益，三一堂最终采用无柱钢梁设计，内部空间极为敞亮，坐在头排，回头就可以望到末排。果不其然，建成后的三一堂，牧师站上讲台一开腔，声音显得既庄重又有感染力。

卢铸英先生是三一堂的首任牧师。当时有几位候选人，不过卢牧师以93%的票数遥遥领先了。卢铸英是厦门同安人，卢家是地方上有名的富豪，时常帮助乡邻排忧解难，威望颇高。卢铸英的父亲卢贞赵，起初对基督教并不深信，因为洋教会刚入中国时，与传统文化显得格格不入。可是后来他发现，这教义的精髓，全是教人向善的，于是慢慢开始支持、接受和宣传。

卢铸英自小开始念教会学校，19岁从寻源书院毕业后，参加工作。因为课业太好了，学校决定留下这个年轻人当教师。名气渐增后，很多学校争相聘用卢铸英，同安启悟小学，英国长老会办的寻源中学，卢铸英都出任过校长。

卢铸英在寻源中学任教二十来年，培养了众多学术、文化交流方面的人才。中国当代著名的文学大师林语堂先生，就是在寻源中学卢铸英老师的指引下走向了大师之路。

1938年5月，厦门沦陷，难民们纷纷涌入鼓浪屿。卢铸英带领信徒积极参与救援，令落难的百姓感激备至。1941年太平洋战争爆发，鼓浪屿也不太平了。"日本土匪"们一上岛，卢铸英牧师就成了被迫害的对象。经过93天牢狱之灾的卢铸英，在出狱后匆忙赶回三一堂工作。一干又是十多年，他退休的时候已经74岁。

1949年，三一堂加入"三自"（三自教会或称三自爱国教会，是指在政治上服从中国政府及其执政党的政治领导，不受国外教会的管理和干预的"自治、自养、自传"的中国基督教新教教会）。1958年，三一堂、讲道堂和福音堂合三为一。1966年三一堂改为鼓浪屿区人民政府的"人民会堂"。 1979年9月，三一堂获准复会。

1992年，三一堂牧师楼盖起来了，2000年又完善了围墙护栏等附属设施。三一堂现总占地面积约2000平方米，建筑面积占一半以上。

三一堂因其卓越的设计，且以注重圣乐事奉闻名。从改革开放至今，歌颂团曾多次被新加坡、菲律宾等国家邀请，且深受各国欢迎，誉满海内外。这么多年里，三一堂办过的家庭音乐会、大师音乐会也不计其数，在这个虔诚肃穆、被慈爱之心温暖过的地方，从来乐声不断。

现如今三一堂有教牧五位，长执21位，信徒一千多人。活动的主要事工有老年、中年、青年、少年、儿童五个团契，有普通话和闽南语两个查经班，

三一堂正门

有歌颂团和青年诗班，两个唱诗班、百合园托老院，并开办有内部刊物《信音》。堂内同工们团结合作，教堂一切事宜正常进行。

门票信息：免费。

开放时间：周日上午。

交通导航：位于鼓浪屿的郑成功纪念馆北侧。

笔山路——山风旭日携高邻

笔山路位于鼓浪屿中部偏北方向，是通往笔架山的路。笔山路，似乎是用一幢幢别墅串联起来的历史，处处充满了岁月积淀的厚重感。

闻名遐迩的笔山路有两条岔路，西侧那条路往西北伸展，东侧那条则"下腰"往南去了。笔山路和它的支路，环境怡人、风景如画，一路上老别墅极多。这些别墅里，有的住过著名的人物，有的曾经住过银行家、实业家……

在笔山路上看风景，无需一路盯着地图找景点，只需边走边瞧就好。如果眼前突然有巨石拦路，请仔细看石面上头，说不定还有连篇文字。笔山路的一块路中大石上，记载了大清国福建水师提督王得禄，重修鼓浪屿"三合宫"的

笔山路

事情。篇名叫作《重兴鼓浪屿三和宫记摩崖石刻》。三合宫其实就是妈祖庙，王得禄跟这庙门颇有缘分。

嘉庆皇帝任内，福建海防着实令人担忧，不断出乱子。有一天王得禄听令：朝廷要派队伍赴台剿匪，走前要造几艘战船，这事由你督办。虽然不算是大事，但王得禄压力不小，因为仗打胜还是打败，武器装备很关键。一旦出了问题，后果难以设想。那时王得禄住在鼓浪屿，闲时常去"笔山路"转悠。早就知道这里有座三合宫，妈祖娘娘端坐其中，挺面善的。于是王得禄心怀虔诚，拜托娘娘保佑。

1809年，嘉庆十四年八月，在浙江定海，大清国水师与"海霸王"蔡牵交战，蔡牵战败，灌水沉船自尽了。王得禄造舰有功，官至二等爵，从此当上了大清福建水师提督。王得禄觉得能有今日的成就，多亏了妈祖娘娘的关照。于

笔山路

笔山路

是，决定重修三合宫。工程结束后，王得禄描述了事件的始末，并在庙前大石头上记下了。

沿着山路继续攀爬，道边老墙上贴着古藤、爬山虎，偶尔会见到体型巨大的老榕树。在幽深的景致中，有许多有名的、无名的景点等待游人去发现，其中有一座光听名字就让人感觉清爽怡人，那就是"春草堂"，春草堂和附近的另一幢别墅都是一家的产业。建造它们的是一位叫作许春草的人，他是鼓浪屿建筑公会会长。建筑公会成立于1918年，是一个专为建筑工人主持公道的公益组织。

许春草九岁在制鞋作坊当学徒，后来到了建筑工地，由童工干到带工师父，再后来成了工头。当年，孙中山先生号召抗敌救国，身在鼓浪屿的许春草带头响应，出钱出力感染了很多人。

　　林文庆别墅，是笔山路一处较大宅院。院主人林文庆，曾担任过厦门大学校长。1941年，日本人到了这里后，硬是逼着有影响力的林文庆做新加坡"华侨协会"会长，如果他不肯，日本人就要大举屠杀华侨。林文庆不忍看到同胞们流血，屈从了日本人的压力。在担任"会长"期间，为保护华侨做出极大努力。抗日战争结束后，曾经服务过日本人的林文庆，不能原谅自己，每天关在笔山路小楼里，借酒排遣痛苦。

　　将近山顶，一栋白色的小楼仿佛从天而降，掉落在苍翠树丛中。好一幢精致华美的别墅。它原先的主人是汇丰银行的行长。初创于1865年的香港汇丰银行，在当时的风光一时无两，清末民初那会儿，国家关税都存它那儿。汇丰银行基业稳固，也算得上长盛不衰，目前的汇丰银行，在中国有百余个网点，几乎各大中城市都有份儿。

　　还有，药香弥散的歧黄山房，风格特异；越南华侨聊表心境的"亦足山庄"，院中精雕细琢的石刻、花草，让山庄更加美轮美奂；替洋人伸冤的"会审公堂"，现在成了历史的一个见证……一座座老屋填满了笔山路。清风徐徐拂面来，每一个宅子都有段长长的故事，值得仔细咀嚼。

门票信息： 免费。

开放时间： 全天开放。

交通导航： 在厦门轮渡码头坐船摆渡至鼓浪屿。下岛后步行可到。

林语堂故居——痴心爱情的归宿

厦门林语堂故居也称廖家别墅，是一座U形的英式别墅。它是鼓浪屿最古老的别墅之一，约建于19世纪50年代。

鼓浪屿的林语堂故居，是二层英式红砖楼，平直的水泥楼梯直通顶层的月亮门洞。此宅原来属于一个廖姓人家，系林语堂与夫人廖翠凤结婚时，林的岳父送来的大礼。

廖翠凤是林语堂的第三个女朋友。因为两次感情失意，林语堂曾有一辈子独过的打算，而冥冥之中，上天终究把廖翠凤赐给了他。那日，林语堂与朋友相携去廖家做客，没想到这竟是命运安排的巧合。林语堂后来回忆，自己吃

鼓浪屿林语堂故居

饭时总被人盯着看，他都不好意思了，凝睇他的就是廖二小姐。可是二小姐却说，我看的不是他的人，我是想数数他吃了几碗饭。清官难断家务事，后来廖翠凤帮林语堂洗过衣裳……再后来他们结婚了。

鼓浪屿最有钱的廖家的二小姐翠凤，嫁给了大才子林语堂。但并不是一帆风顺的，开始，廖家二老都不同意，主要是嫌弃林家没钱。然而二小姐始终不渝，所以廖氏夫妇最终不得不从了闺女。为了孩子能少受点苦，这才送了栋房子当嫁妆。

廖二小姐是真正的大家闺秀，她微笑绝不露出牙齿来；而幽默大师林语堂，每天却是笑对日出日落。廖二小姐的生活很有秩序，她倾向于把自己打扮到最漂亮；林语堂则是戴上领带就脖子疼。二小姐的餐桌精致整洁；可林语堂偏偏爱吃鸡脖子、羊肚等各种杂碎……尽管两个人那么多不一样，却一同度过了不平凡的六十多个春秋，始终相敬如宾。

林氏夫妇金婚纪念那年，语堂先生翻译了一首著名的"洋诗"送给亲爱的夫人，诗名叫作《老情人》。"同心相牵挂，一缕情依依。岁月如梭逝，银丝鬓已稀……"岁月走了，人老了，他们两个依然能够牵手做"情人"，令现场的嘉宾客人羡慕不已。

岁月远了，人走了——当初的廖府小洋楼如今也已退却了光鲜颜色。看那楼面的雕花，院中的玉兰树、龙眼树，再有那雅致的小鱼池……遥想曾经风华年代，遥想一段金玉良缘，令人神思向往。

门票信息： 免费。

开放时间： 9：30—11：30 ；15：00—17：00。

交通导航： 在厦门轮渡码头坐船摆渡至鼓浪屿。下船后步行可到。

黄赐敏别墅——精巧细致的金瓜顶

黄赐敏别墅又被称为"金瓜楼"，位于鼓浪屿泉州路99号，因楼顶有两个金瓜而闻名。金瓜顶既有洛可可艺术的美感，又有罗马建筑的因素，瓜络纵横密缀，因此有瓜络绵延、吉祥富贵的寓意。

　　黄赐敏别墅的门楼颇有特色，门楼分为两层，中国歇山式屋顶，翘角如雏鸟欲飞。另外，装饰风格与屋顶风格一致，装潢得有如城门，门穿高耸，很有气魄，是鼓浪屿建筑中最具风采的门楼之一，可以与番婆楼、海天堂构等别墅的门楼相媲美。然而黄赐敏别墅最出名的，则是在鼓浪屿一千多幢别墅中独树一帜的"金瓜顶"。黄赐敏别墅屋顶有两个"庞大的金瓜"，故得名金瓜楼。屋顶"金瓜"造型属洛可可风格，颜色橙黄泛金，8条瓜棱明显，支撑穿顶。建筑外部装饰采用中国传统装饰工艺，建筑内部格局则是中西结合，既有中国传统的厢房、中厅，又有西洋的壁炉、宽廊等，建筑装饰精巧独特。在中西建筑风格的融合上，体现了极高的水准。

　　黄赐敏别墅原为黄姓房地产商于1922年建成，1924年，菲律宾华侨黄赐敏买下了别墅，并为之命名。黄赐敏是龙海人，少年时赴菲律宾做生意，经商成功后于1924年来到鼓浪屿，携全家人来金瓜楼定居。当时，在鼓浪屿建造别墅的多是南洋的华侨，他们初到海外时大多生活艰苦，白手起家，住的是大工棚，破烂不堪，经常受到洋人的欺凌。当他们通过努力奋斗，攒了足够的钱后，想给自己建造一个安逸的家。建造过程中，为了让早年饱受压抑的心情得以释放，他们比较一致的做法是：将中国式的屋顶压在西洋的建筑之上。而且这样的建筑比较实用，坡屋顶能遮阳蔽日，使房间更凉爽。不过，更重要的是它可以让他们产生扬眉吐气的感觉。这是鼓浪屿建筑独特的一面。

　　黄赐敏别墅有很多中式的装饰布置，金瓜顶被建造者赋予了"瓜络绵延"的内涵。黄赐敏有10个儿女，1947年，一部分眷属到菲律宾定居。金瓜楼在新中国成立后到80年代一直是由黄赐敏的长女代理。1980年，黄赐敏的三儿子黄必勇从菲律宾回鼓浪屿小住，之后，其他儿孙辈也陆续回鼓浪屿观望祖业。黄赐敏的儿孙遍布美国、日本等20多个国家和地区，十分兴旺，真可谓"瓜络绵延"，没有辜负这座"金瓜楼"的寓意。

　　黄赐敏别墅，是一部代表一个时代的老电影。它展现在世人眼前的已经不仅仅是其独特的外表，更多的是一个时代的发言者和亲历者形象。来到这里，细细品味建筑特色，可以发现，用中国传统工艺装饰洋楼的手法，反映了广大华侨的乡土情结，也寄予了他们对中国文化未来的期望。

别墅正门

门票信息： 免费。

开放时间： 全天开放。

交通导航： 在厦门轮渡码头坐船摆渡至鼓浪屿。下船后步行可到。

鳌园——难忘嘉庚先生

鳌园系1950年建成，别称闽南石雕博物馆。陈嘉庚先生的陵寝就在鳌园，是全园建筑艺术的最高代表。

　　厦门鳌园位于集美区东南角上，总占地约9 000平方米。陈嘉庚先生是著名的爱国华侨，福建省同安县集美社人。陈先生对家乡那份挚爱，早已镌刻在了集美的大街小巷。譬如集美中学、翔安一中、厦门大学、集美学村、翔安同民医院等，许多公益事业都是陈先生一手操办起来的。若稍向当地人询问，上到耄耋老翁下至总角孩童，提起陈嘉庚的事迹总是津津乐道。

　　集美区有一个特色：不论卖书的，卖米的，还是卖盐的，各家单位都打出"诚字号"标语。标语的内容，无外乎"诚实守信"、"诚信是金"之类，集美大学的校训就是"诚毅"。这与集美当地的优良传统息息相关。嘉庚先生就特别实在，不过背地里也有人说他"傻"。

　　陈先生的父亲，最初靠开米行起家，一步一个脚印将买卖做大了，并在新加坡稳稳立足。少时的陈嘉庚一直随母亲在厦门生活，直到17岁才被父亲接到新加坡。到新加坡之后，陈嘉庚开始协助父亲的事业。这位少掌柜，谦虚勤恳、不骄不躁，与伙计们相处得十分融洽。1898年，独处厦门的陈母突然辞世。

　　重孝的陈嘉庚为母守孝三年，再回新加坡，光景已经全变了。就这三年里，陈家新加坡的事业急转直下。陈嘉庚有个同父异母的弟弟，算得上纨绔子弟，在他哥不在的三年里，到处挥霍，不仅亏空了家财，变卖了产业，还欠了三十多万外债。债主天天堵门，家徒四壁，陈氏父子两代人的心血眼看着白费了。陈父经不起打击，不久去世。

鳌园建筑

父债子偿，这是来自于民间说法，新加坡法律条文里没有这项规定。债主们只得自认倒霉，不再为难陈嘉庚，然而，陈嘉庚却没有卸包袱的念想。他不忍欠着债主们的血汗钱，更不愿父亲到了天堂还背着一身债。那年陈嘉庚30出头，接过家里的烂摊子，对谁都是一句话：陈家的债，还是我陈家的。陈嘉庚是个很有商业头脑的人，也很有眼光。那个时候，作为水果之王的菠萝，如果不是生活在热带的人，很少有机会吃到。看准了这个商机，陈嘉庚借了7000块钱，办起了"新利川"罐头厂。他的"苏丹"牌菠萝罐头一炮打响，好评如潮。

企业逐渐盈利之后，陈先生遍访老债主，挨家挨户的还债。债全部还清了，陈嘉庚的个人信誉和陈氏企业的诚信也得到了众人的认可。这正是"祸兮

陈嘉庚墓

鳌园中的陈嘉庚纪念碑

福之所倚"。到了1913年，陈氏的产业已颇具规模，旗下拥有两座橡胶园、四家罐头厂、外带米厂，菠萝园等。陈氏以"诚"立本，似乎从那时候起，"诚"字就种在了集美的土壤里。

1914年，"一战"爆发，世界经济受到重创。嘉庚先生凭借自己对商情的精准把握，让陈氏企业熬过了这关。脑袋顶上就是飞机大炮，那一段真是心惊胆寒的日子，经过那段岁月的陈嘉庚，待到风浪小了，立马将工作重心转到兴办教育上。为了支持厦门教育事业发展，陈氏企业每年要支付九十余万元巨款。

1913年，陈嘉庚创办了集美学校，并被孙中山大元帅大本营批准为"承认集美为中国永久和平学村"；1919年在新加坡创办了"新加坡南洋华侨中学"；1921年，如愿以偿创办了唯一一所华侨创办的大学——厦门大学。

陈嘉庚在办学实践中形成了先进的教育思想：第一，提倡女子教育，反对传统的男子教育思想。在当时的历史条件下，开创先河，兴办女子学校，鼓励女子受教育；第二，扶持贫困优生，奖励师范生。反对分贫富式教学，极大帮助贫寒学生完成学业。

1929年，资本主义经济危机爆发，殃及世界经济产业链，陈氏企业不堪重负，成了不少家洋银行的债务人。洋人们替陈先生算了一笔账：如果立刻停止对各家学校，尤其是厦门大学的资助，陈氏企业周转过来的余地还是很大的。作为当年教书育人最高等学府，厦门大学可谓陈先生倾尽心血之作，先生舍不得。况且时局这么乱，学校关停想再启动谈何容易，在校生又何去何从？思来想去，嘉庚先生决定，将陈氏企业抵给银行，余下钱款仍旧支持办学。倾家荡产助教育，这就是陈嘉庚被人说成"傻子"的原因。

1961年8月12日，中国著名教育家、慈善家、社会活动家、爱国华侨领袖陈嘉庚先生告别了人世。并在早年决定去世后不将遗产留给儿孙。据粗略统计，他名下的捐款达1亿美元以上。可是他的生活却很简朴，皮鞋带褶儿，茶杯碎了当烛台，并为自己制定最低伙食费即每天五角，甚至家中的蚊帐还有窟窿……他的名字和事迹一起，至今仍被人们口口相传。

鳌园前的海滩，就是"嘉庚公园"。在鳌园，可以在景点内看到许多与陈嘉庚先生有关的事物，如嘉庚先生的生平事迹陈列馆、"归来堂"、展现陈嘉庚经历的15块青石浮雕等，集中展现了他不平凡的一生。陈嘉庚还被毛泽东誉为"华侨旗帜，民族光辉"的爱国老人。他的事迹广为流传，他的精神经久不衰。陈嘉庚先生虽然晚年在北京度过，但仍然将厦门鳌园作为他最后的归宿，他的一生，始终表现出对家乡的大爱。

门票信息： 10元。

开放时间： 6：00—20：00。

交通导航： 集美6路、903路、921路集美机械学院站下车；959路，水产学院站下车。

黄荣远堂——轮船上的赌注

黄荣远堂位于鼓浪屿福建路32号，建筑较为齐整，周边环境优美幽雅。这幢别墅虽以西洋正楼大院为主，但融合了许多中国建筑的元素，不少亮点成为后来鼓浪屿建筑的参照。

与"金瓜楼"黄赐敏别墅类似，黄荣远堂别墅也是一座中西合璧的典范。它的主体建筑融合了北欧的窗棂、希腊的廊柱和中国的亭台等元素。远观那庭院里碧波倒映的太湖石，在四周缤纷花卉的掩映下，让人有世外桃源的感觉。黄荣远堂的主楼，数十根廊柱，都是以整条花岗岩雕刻而成，足见气派。大小不一的廊柱错落有致，很有层次感，给人以极大地视觉享受。

黄荣远堂室内一角

黄荣远堂的建造者叫施光丛。1920年，施光丛在鼓浪屿建造了这座融合了中西风格的别墅，但是还没有给它命名。施光丛在一次赌博中把这套别墅输给了富豪黄仲训。黄仲训把它转送给了弟弟黄仲平。别墅被命名为黄荣远堂。后来黄仲平回越南，在战乱中死去。老别墅归政府所有。

旧时的黄荣远堂内彩绘玻璃和吊灯组成的天际晕染了整个空间，增加了时光的迷惑感，长长的吊灯透着鼓浪屿才有的湛蓝和明亮，空廓的回廊上则挂满美丽而神秘的油画。满屋充满了艺术色彩与生活气息。

时代变迁，到了80年代，黄荣远堂改成了幼儿园，再后来，变为了厦门演艺职业学院的办公大楼，被誉为"东方夜莺"的颜宝玲也曾经在此住过。现在的黄荣远堂，因其独特的外观，被改为户外咖啡厅，是举办家庭音乐会的佳地，也成了备受影视剧导演青睐的外景地。

门票信息： 95元。

开放时间： 9：00—16：00。

交通导航： 在厦门轮渡码头坐船摆渡至鼓浪屿。下船后步行可到。

环境幽雅的庭院

苏颂故居——"杂家"宰相

苏颂故居位于厦门葫芦山南麓，是苏颂高祖左屯卫将军苏光诲始建于五代后晋的府第，子孙世居。

厦门同安区大同镇，城西北有座葫芦山，葫芦山南麓苏府，始建于五代后晋时期。公元1020年，宋真宗天禧四年，中国古代著名天文学家、天文机械制造家、药物学家，苏颂先生诞生于此。

苏颂故居又称芦山堂，占地1700多平方米。现存的芦山堂为清代后期重建的。芦山堂为硬山顶，坐西北朝东南。它以花岗岩和红砖砌墙，红瓦布屋顶。故居前为苏氏大宗祠堂，祠堂呈现出典型的闽南式建筑风格，分为前厅和正厅两部分，后为原基址重建的苏颂祠堂。现如今中国台湾、中国香港、新加坡、菲律宾、马来西亚、泰国的苏氏后裔均源于此地。现存的"芦山堂"为三进双护厝府第式建筑，面积大约为70平方米。

苏颂故居内有苏颂坐式塑像和苏氏族谱以及苏氏后裔八大名人画像。新建的苏颂科技馆中，陈列了苏颂做为一位政治家、外交家、天文学家、药物学家、文学家和历史学家的生活点滴和丰功伟绩。馆中保存着苏颂制作的世界第一座天文钟"水运仪象台"模型，水运仪象台是世界天文学史上的一座里程碑。

同安苏氏之祖苏益，早年随节度使王潮入闽。苏颂的高祖苏光诲，是后晋的大将军，苏颂的父亲苏绅，文不让武，登科进士，官至翰林大学士。苏颂更是子承父志，成了他们家族的重要人物。他上通天文下知地理，在历史、医药、阴阳五行诸多方面都有建树。

苏颂故居

据说，苏颂还在学堂的时候，有一年去福州南安姥姥家串门。家里人来人往不很清净，于是苏颂同一个伙伴一起去凤凰山雪峰寺读书。

冷清清的寺院来了两个十多岁的少年，他们挺受欢迎。但僧人们也有顾虑，因为山中有老虎，近日不时蹲在不远处一块大石上怒吼。虽说未曾伤过人，却着实危险。知道师父的担心，苏颂说，没事儿师父，虎有它的处世之道。我们不去冒犯它，它也不会伤害我们的。心中有大法！方丈心中暗暗称赞。

两个少年挑灯夜读，勤奋好学。苏颂后来成为北宋大学士、宰相，一辈子的科学成就数不胜数。

自张衡之后，我国的科学技术有了长足发展，而宋朝的科技，又是中国封建时代的最高峰。公元1086年，宋哲宗年间，皇帝突然想看看浑天仪。怎么办呢，实物已经不太好用了。皇帝请苏颂想想办法。浑天仪是个伟大发明，工作原理很复杂，留下相关记录又相对简单，何况发明之后已隔了近千年的时间，工艺近乎失传。

苏颂找来数学家韩公廉做助手，二人苦苦熬了六整年，"苏氏浑天仪"终于面见世人了。它试运行的那天，整个开封轰动了，无数人一齐涌向展示现场。那物件够高大壮观，上下共分3层。拿尺量量，通高约12米，差不多7米宽。

"苏氏"浑天仪，最上层放置浑仪；中层则是浑象；底层最赏心悦目，158个木头人，身着红黄蓝绿各色衣裳不等，同时"吹拉弹唱"。不过，就像布谷鸟钟，这些木头人只会在固定的时间点出来，有的敲钟，有的打鼓，有人摇铃，还有的击缶。上、中、下三部分，协调一致，靠的是水利机械运动，小人儿报时极准。

目前学界公认，世界上第一台浑天仪是东汉的张衡发明的，而类似机械的创新和突破，首推苏颂。"苏颂把时钟机械和观测浑仪结合起来，在原理上已经完全成功。他比欧洲人罗伯特胡克先行了6个世纪，比方和斐先行了7个世纪。"英国近代著名科技史专家李约瑟博士这样说。

苏颂编著的《新仪象法要》是"水运仪象台"的构造说明书。全书以图为示，并为图附注详细说明，是世界上最早最完整最系统的机械图纸。现代科学家根据这份机械图纸，重新复制出"水运仪象台"，并将它展现在世人眼前。

苏颂主编的《本草图经》为我国著名的药物学巨著，也是我国编著最早的图本草书。他著作的《苏魏公文集》里收藏了587首他所作诗歌。苏颂不仅是科学家和政治家，也是一位伟大的文学家。

　　苏家老祖留下的祖屋，旧名"芦山堂"，两进院子。看上去充其量比寻常百姓家面积大点儿，房屋质量好点儿。可是单单宋朝那一小段，这院门里就培养了18位进士。

　　直至明朝，人们还念念不忘苏家的贡献，地方百姓也记着这个才子世家。嘉靖皇帝任上，同安知县请求重建葫芦山芦山堂。苏颂德才兼备，声名代传，没费太大周折，就获批了。芦山堂的修葺扩建工程于次年完成，并多了一间院子。苏颂作为全院的精神核心，还被树立了塑像。

　　晚明时代的皇帝世宗比较实际。他整顿吏治，减免了民间不少苛捐杂税。为了表达对先贤的敬仰之情，明世宗给苏颂封了号，名"苏氏大宗"。民国时有苏家后裔找回同安故里，再次修缮芦山堂。新中国成立之后，芦山堂梅开又一春，1988年11月以崭新面貌迎客，总占地约1666.7平方米。

　　看着芦山堂那一条条尖如燕尾的屋脊挑梁，让人感到浓郁的闽南风情。从东屋到西屋，除手稿和那些伟大发明之外，不少黑柱红联也引人注目。"将相公侯科学家，尚书御史翰林第"，确实如此。

　　中堂前苏公身披红袍坐看往来人，头顶一块黑地儿红字匾，上书——学究天人。

苏颂故居

芦山堂

门票信息： 免费。

开放时间： 8：00—17：00。

交通导航： 乘坐67路、75路、76路、79路、92路、93路、106路等公交车。

观彩楼——观赏落日彩霞

观彩楼位于笔山路6号，因为在楼内可观赏落日彩霞，故称"观彩楼"。观彩楼设计风格有西班牙风韵，多处借用中国乡村民居的建筑形式，极具灵动和变化的艺术气息。

　　观彩楼是鼓浪屿全岛最高的建筑。它最大的看点，从它的名字"观彩"就可以知道。主楼三层，每逢黄昏或者雨霁时候，站在楼上往外张望，无遮无

迷人的观彩楼

拦，看那满天彩霞，还有无边海景，云蒸霞蔚，鼓浪屿的全部风光尽收眼底，丝毫不比在日光岩上望到的美景逊色。

善良的人们看过它都说屋顶像新娘子的花轿，所以戏称它为"新娘轿子"。这个比喻，为它赋予了一层欣喜和浪漫的色彩。

观彩楼还有另一个名字，叫作书笔楼，不过本岛人喜欢称它"棺材楼"。除了观彩楼的造型四方类似棺材，主要还是因为谐音，不过，棺材楼的说法不仅不是贬义，还是褒义呢，因为取的是升官发财的意思。观彩楼建于1931年，曾经几易其主，最早是由荷兰工程师设计，许春草营造公司承建的。许春草，在前面的章节提过，是"春草堂"别墅的主人，也是厦门建筑公会的会长。厦门建筑公会的会训"有公愤而无私仇"，就是许春草先生提出来的。在那个年代，把建筑行业的工人、设计师、工程师一干人等组织起来，使他们忘记了私怨而为行业、为国家出力，许先生功不可没。自此之后，厦门建筑公会的会员亲如兄弟，同心协力，为人们打抱不平，为社会做事，不计较个人恩仇。抗战爆发后，许春草受厦门各界的委派，到菲律宾、香港等地宣传抗日并进行募捐，他还创办《抗日新闻》，并在厦门沦陷后出钱出力，支持抗战事业。这些都被厦门人深深记住。至今很多厦门人提到许春草先生，仍然赞不绝口。

观彩楼建成后，卖给了上海人丁玉树，后又易主为上海固齿龄牙膏厂的老板陈四民。自从陈氏后人搬离此处之后，这幢别墅就一直空置下来了。

虽然观彩楼年久失修，已大不如从前的光景，但是到了观彩楼的游客，一定要走上楼梯，登高望远。

远望观彩楼

门票信息： 免费。

开放时间： 8：30—18：30。

交通导航： 在厦门轮渡码头坐船摆渡至鼓浪屿。下船后步行可到。

吕塘村——"九架厝"里听南音

在闽语中，"厝"用来表示具体的居住地。"九架厝"是闽南地区特有的古代民居建筑，有着非常久的历史。

翔安古村"吕塘"，宋末已见诸文献记载。其古名"蓬莱村"，寓意此地堪比人间仙境。今日吕塘村有成片成片的闽南大屋"九架厝"，有着一棵又一棵枝繁叶茂的老榕树，还有不经意传来的南国曲。如此一来，这个小村庄被醇香古韵填得满满的。

"九架厝"在厦门，它相当于北京城的四合院，里头凝结了当地的风土灵情。九架厝都是高高的，它内部通风良好，梅雨时节不担心家里受潮；这种建筑内里宽敞，可以盖成两进或三进不等，最小的也有160平方米以上；它都是青砖露地，显得朴实直白；九架厝墙上多画，屋内屋外常见柱子楹联。在这九架厝里传出的乐声，美妙动听。唱的什么呢？高甲戏，也唱歌仔戏，那都是许久以前传下来的古乐了。

蒋干偷走周瑜密信；关二爷败走麦城；杨延昭辕门欲斩子……总之吕塘地方戏荟萃了大量生动有趣的民间故事、古腔古韵、老本子。为了不让这等精华传统文化失传，吕塘老辈人操了不少心。在民间戏曲家洪金盛先生主导下，于1995年成立了吕塘戏校，戏校不收学费，这些年已陆续为社会培养曲艺人才二百多位，常演剧目在30种以上。吕塘这个小村庄，无论走进哪一座九架厝，同老人家聊上两句贴心话，然后就可以白听戏了。吕塘戏校子弟更是肩负文化交流重任，将南戏唱到了金门，唱到了东南亚。现在，这里是文化遗产保护传承基地。

农历六月十八，吕塘村"送王爷"，请香火，抬"大船"，男女老少涂脂抹粉，欢天喜地就到街上来了。王爷是谁呢？有多种说法。传说很久以前，护荫一方的王爷有天在街上散步，走着走着发现两个人交头接耳鬼鬼祟祟的。

吕塘的特色建筑九架厝

颇具特色的九架厝建筑

这里地界不大，街里街坊都认得，但这二位着实面生，王爷三步并两步跟了上去。一听不妙，两人竟是从地狱溜出来的瘟神。一人猛地掏出小瓷瓶，举手要拔塞子将那瘟疫之气放出来，王爷不顾自身安危冲上去，与两鬼扭成一团。最终王爷拼死夺了那小瓶子，一仰头就吞进肚子里。两瘟神见势不妙，化一股黑烟飞速逃窜了。然而，"王爷"望着鬼影也倒下了，他面目全非，从头到脚乌黑如碳。原来瘟神打算散播瘟疫，等两天人都死光了，它们就霸占厦门岛。"王爷"的事迹传到玉帝耳朵里，于是派人来度"王爷"做神仙。因此，六月十八"王爷"上天那日，闽台地区好些村镇都会举行送王爷仪式，喧闹非凡。

不过也有人相信，真正的"王爷"另有其人。谁呢？郑成功。因为清政府执政时期，人们不敢公开祭祀郑公，所以才编了"王爷驱瘟神"的故事出来。因为无从可考，于是那天大家伙只管看表演了。人们敲锣打鼓冲开一条路，坐在轿子里的红脸"王爷"一边致意一边朝人们缓缓走来……

门票信息：免费。

开放时间：全时间。

交通导航：761路公交车，吕塘站下车。

厦门宋代瓷窑遗址——惊艳宋瓷

厦门宋代瓷窑遗址位于汀溪水库东侧，离县城约10千米。据考证，这个窑基遗址是宋代大型瓷器生产作坊之一，出产的珠光瓷远销日本。

　　同安的汀溪水库不远处，在宋代时原本是一片颇具规模的瓷窑，占地面积500 000平方米。说起中国瓷的工艺，是极让外国人羡慕的。提到宋瓷，中国人都不陌生，"汝官哥钧定"是宋代的五大名窑。那时期，是中国陶瓷发展史上最辉煌时期之一。红若四月海棠，紫如怒放玫瑰，色看钧窑；方形圆形，复合形，状看汝窑；根根分明像雪绒的"兔毫瓷"，神似龟背的"玳瑁瓷"……总之那一时代的大师们不仅技艺精湛，而且善于露巧藏拙。其中的河南汝窑，烧瓷历史总共不到20年，后来宋徽宗把国家丢了，汝窑也熄了火。20世纪80年代末期，平顶山市宝丰县西大营镇凉寺村南头，一条小河旁边，汝官窑址露出了头脚，挖掘工作随即开展。发掘之处，就有约246 666.7平方米的面积。香炉、盘子、广口盆、盛酒的尊，各种瓷片简直堆成了小山丘。汝窑瓷薄胎厚釉，质地极为细腻紧实，器形多是照着青铜器体摹下来的，大抵可用 "青似水，颜如玉，晨星戏游鱼"来形容汝窑的主要特色。汝窑的窑口烧出来的瓷器，以青色系的居多。那透亮的豆青，略泛天蓝的虾青，透着些许红的粉青，光是色泽，就让人陶醉。它们虽然不是玉，却有着玉石一般的润泽。"晨星"是潜伏的泡泡，多出现于釉面之下；"游鱼"则是釉面自然开裂形成的纹理，但也有人觉得那纹理像知了。"星星和鱼"实际都属于技术缺陷。然而，艺术品的残缺有时反而更显得珍贵，比如断臂的维纳斯，对于瓷器来说，瑕疵有时反而令它们更真实，更柔美。厦门宋瓷遗址发现的瓷器，风格与汝瓷颇为接近。

　　同安汀溪老窑口当年是宋瓷的主产地之一，其出产的瓷器，以珠光青瓷为代表：大口小口的、深的浅的、画荷花的、画牡丹的，异彩纷呈。不过，总体

窑内的瓷器

出土的瓷器、惊艳的青釉

来说造型较为朴实，颜色偏向杏黄。因产品主要面向街里街坊，珠光瓷不太工于细节，这从坯子的圆整程度即可见一斑。其实，珠光瓷已经不单纯是一种瓷器的类型了，它还是中日文化交流的一个见证。

早年，有个日本人特别喜爱珠光瓷，喝茶也必须使它，珠光瓷因为他才出的名。谁呢？村田珠光，一位日本高僧，相传他是"一休"的徒弟。珠光大师爱喝茶，而且不白喝，喝完悟出了著名的"茶禅一味"。喝茶如参禅，言简理不浅。珠光大师不喝独茶，还带动当时的王宫、武士、僧人们一道喝，最终他成为日本茶道的创始人。

现在，传世宋瓷的精品寥寥无几了。到同安来，尽管多是些瓷片儿，不过，也能体会出当年宋瓷的些许风光。那古朴的窑口，仿佛有着时光的魅力，让人停留驻足，久久不愿离去。

门票信息：免费。

开放时间：7：00—19：00。

交通导航：厦门市内乘坐651路、655路、659路等公交车，同安汽车站下车，再换乘直达景区的区内小巴士。

第 2 章

历史的沧桑与过往岁月

南陈北薛——厦门的最早开拓者

说到厦门历史，不少人觉得它是个移民城市，历史并不长。也有的本地人，会提到南陈北薛，那么，"陈"指的是谁，"薛"指的又是谁呢？

《清道光厦门志》这样记载："厦门人物，以南陈北薛为最古"。这是说，很早以前有一陈姓人家，一薛姓人家，举家到厦门开拓定居。后来陈家雄踞岛南，薛家则占了北半边。两家实力相当，各主一边，倒也相安无事。"陈薛开岛"一案，相当于厦门历史的源头。这个事件，大致发生在唐玄宗开元盛世年间。

福建的陈太傅祠，供陈邕。每年都有来自各地的陈氏后人来此访祖

　　有人质疑，仅凭史书中的一句话，搬出两家人，就为厦门的开拓者定名，未免招人怀疑，更何况"安史之乱"后，"陈薛开岛"很少被人们提起。直到2004年，一块石碑的出土，引起了专家们的注意。碑文有这样的文字："唐大中九年，岁在乙亥，四月廿四，颍川陈公终于泉州清源郡嘉禾里之私第，年七十有五，公讳元通，清源同安人也"。唐宣宗大中九年，陈公去世，身后安歇在"嘉禾里"。唐朝时多将百户划为一"里"，"里"就是古代对人户实施管理的一种手段。

　　姓陈的唐朝人？这与史书的记载不谋而合。于是学界开始积极考证。专家的研究结论是，碑中所记陈公，名陈元通，陈先生在世的时候，厦门即被称作"嘉禾里"，用"嘉禾"形容"里"，表明当时这里的农业生产是很发达的。

　　继续往前追溯，陈元通父亲陈仲寓，祖父陈喜，曾祖父陈承，都有史可查。再早呢？当初唐朝居民迁入福建的历史，和后来闯关东、走西口差不多，所以姓陈的大家族不止一支。比如"开漳圣王"陈元光，唐高宗时代的大将军，带兵打仗极为骁勇，皇帝深喜陈将军作战的威猛气概，派他去卫戍福建。陈元光不负众望，在职期间勤政爱民，督导农耕，深得百姓爱戴。

　　还有一支著名的陈家人，老祖宗陈邕，唐玄宗年间进士出身。登科入仕本来一帆风顺，谁料遇到一个不着调的同僚。谁呢？既是唐宗室又是大宰相的李林甫。后世对李林甫的评价不高，多数都认为他是个很坏很狡猾的一个人。陈邕乃读书人出身，着实不愿与李相斗，但又厌恶李的作风，以至不久被李林甫寻了过错，贬到了福建厦门一带。

　　如今的厦门成了著名旅游城市，人挨人人挤人，不少人心存向往。而早年它也荒凉过，踏遍全岛也寻不到几户人家。因此从当时看来，一家老小被发配到厦门，是很重的惩罚。可喜的是，岛上的日子挺惬意，渔民出门就是大海，可以捕鱼。沿海平原土地肥沃，农副产品完全可以自给自足。将军入闽，进士也入闽，那么，陈元通老祖宗到底是哪家的？这个问题还有待研究。

今日厦门

那么，"北薛"又是谁呢？

仍然要提到李林甫。他的人缘极坏，朝中官员人人烦他，却个个敢怒不敢言。有天，薛令之下了朝，想想老李心口就堵得慌，于是信笔写了首诗："朝日上团团，照见先生盘。盘中何所有？苜蓿长阑干。饭涩匙难绾，羹稀箸易宽。只可谋朝夕，何由度岁寒？"薛先生借物抒情，没太多别的意思。不幸，那首"泄愤诗"被李林甫上呈给了玄宗皇帝。玄宗回了首诗给薛令之："啄木嘴距长，凤凰毛羽短。若嫌松桂寒，任逐桑榆暖"。玄宗皇帝还是有文才的，他说：啄木鸟嘴长，凤凰毛短。主题是假借鸟讽刺薛令之：既然你那么清高，何必在我门槛里混饭吃呢？得到回信，老薛的心"咯噔"一下子。他琢磨着，这回不妙了，皇帝不想留我了，还是自己辞职吧。薛先生辞了官，也漂泊到福建沿海。但他终究不是闯荡江湖的出身，所以薛令之离开朝廷之后，生活一度困顿。朝廷方面，人才流失让唐玄宗也有点后悔，于是，他还曾偷偷接济过薛令之。然而，苦日子终究过去，薛家后人最后也成"海岛大户"。

这些大概就是民间对于"南陈北薛"的种种说法。

鼓浪屿码头

鼓浪屿——多少楼台同日月

推荐星级：★★★★★

鼓浪屿位于厦门岛西南，与厦门市隔海相望。鼓浪屿对于游人的魅力，除了那里秀美的自然风光、独特的人文气质、著名的音乐博物馆，还因为它那厚重的历史底蕴。

　　厦门岛到了明朝时候，已经有很多老百姓定居在这里。厦门岛的西南，有一座小岛，那里躺着一块巨大礁石，两米多高，石身有洞。每逢海浪拍过

鼓浪屿全景

来，这块大礁石就发出吼声，洪亮的巨声有如敲响了鼓楼那面大鼓，"鼓浪石"因此得名。随后，它脚底下的岛——鼓浪屿也就有了动听的名字。"岛"和"屿"这两个字，并没有什么本质的区别，但一般来说，北方人喜欢说"岛"，南方人习惯说"屿"。鼓浪屿的名字也因此，由明朝一直沿用至今。

相比圆圆的厦门岛，鼓浪屿好像一只合起翅膀的蝴蝶。不过很久以前，它可能也很圆，且听渔民对它的称呼，"圆洲仔"。南方人口中的"仔"，一般都是指那些小巧可爱的人或物。

"天门中断楚江开"，霸道的楚江将天门山冲成东西两山，当然，这是李白的想象，不过，鹭江却是真的将厦门岛与鼓浪屿，那一大一小两个"圆"给分开了。鹭江水并不宽，大约600米。如果打算乘船渡江，只需五分钟就够了。

明朝末年，朝廷打算收复台湾，把重任交给郑成功。于是郑成功上岛，练兵扎寨，这是鼓浪屿的一段重要历史。

鼓浪屿上的-天主教堂

风景如画的鼓浪屿

　　1840年鸦片战争爆发，清政府战败，不久洋鬼子你追我赶到中国来"报到。"英、法、美、日、德，西班牙、葡萄牙等13国选中了厦门岛，争相盖起了领事馆。公寓、教堂、医院、学校、大商场，如雨后春笋般在鼓浪屿地面上冒了出来。一时间经商的、传教的、黑人白人、三教九流悉数登岛，鼓浪屿成为"万国公租地"。也是因为这样，电话、通信、自来水等公共事业，鼓浪屿起步很早。一段特殊的历史，造就了鼓浪屿独特的"万国风情"，至今看起来别有滋味。

　　小小的鼓浪屿，总面积还不足两平方千米。然而，岛上温润的气候，水月同光等优越的自然景观，出奇制胜的多国建筑，使之成为一座瑰丽的"建筑博览馆"，其中有古希腊的三大柱式陶立克、罗马式的圆柱、哥特式的尖顶、伊斯兰圆顶、巴洛克式的浮雕等，各展其姿，异彩纷呈，使整座城市充满古典主义和浪漫主义的色彩。还有它在音乐史上留下的深深一页，早已让它名声在外了。

　　鼓浪屿的夜景显得清静幽雅。登高远眺时，夜中的鼓浪屿似一座缤彩纷呈的花园，洋溢着甜甜的味道和鲜花的芳香。特别是几道美丽的激光射线带着朦胧的夜色在城市中穿梭，赋予了这座城市一种神秘的色彩。

　　到北京要看紫禁城，到西安要看兵马俑，到济南必须见见趵突泉，到西藏一定要去布达拉宫，现在到厦门的游客，很少有不顾鼓浪屿而返的了吧。

门票信息：108元。

推荐景点：日光岩、菽庄花园、皓月园、风琴博物馆和国际刻字艺术馆、古避暑洞、龙头山寨、郑成功纪念馆。

交通导航：鼓浪屿与厦门市隔海相望，轮渡5分钟可达。

郑成功纪念馆——民族大义永流芳

郑成功纪念馆，坐落在厦门日光岩北麓，建于1962年郑成功收复台湾300周年纪念日。馆内展出的各种文物文献、资料照片、图表绘画、雕塑模型800余种，系统地介绍郑成功光辉的一生。

推荐星级：★★★★

　　郑成功纪念馆不止一处，而厦门的这个馆最有名。关于郑成功，以及他的收复台湾，有太多的论述，且看看今天的海牙博物馆里，当年荷兰殖民者的日记《热兰遮城日志》。热兰遮城，就是安平古堡，最早建于1624年，是台湾最古老的城堡，建城以后，曾经是荷兰人统治台湾的中枢。

郑成功纪念馆内

鼓浪屿的郑成功雕像

远观郑成功纪念馆

　　日记中，荷兰人对当时勇猛的中国海军留下了这样的印象："这些（中国）士兵低头弯腰，躲在盾牌后面，不顾死活地冲入我们的阵队，十分凶猛而大胆，仿佛每个人家里还另外存放着一个身体似的。尽管许多人被打死，他们还是不停地前进，从不犹豫，甚至不回头看一看自己的战友有没有跟上来。"荷兰人极其惊讶地发现，这些中国士兵"和以前认识的中国人似乎不是一个物种"，甚至荷兰兵的"许多人还没有向敌人开火便把枪丢掉了，我们抱头鼠窜，落荒而逃，可耻的遗弃了我们英勇的队长和同胞。"

　　这是荷兰人对收复台湾的郑军的描述。

在收复台湾的战役前，热兰遮城堡经过殖民当局38年的不断加固，严防密守，军备充足。这座西式城堡城墙深入海中，城壁高9米，城堡四周有锐角型向外伸出的棱堡，设有15个以上的炮座，外城更是有十尊射程很远的海防红夷大炮。除此之外，镇守海防线的荷军都是久经沙场的老兵，经验丰富，战备物资丰富。然而，在意想不到的郑成功军队进攻后，荷兰人连吃了几个败仗。

荷兰总督揆一写信给郑成功，说如果郑愿意退兵则每年送饷税数千万并缴诸多土产，对于郑的出征他自愿另外赔偿军费十万两银。郑成功的斩钉截铁回答是："主权，不是一个可以商量的问题。"这与三百多年后邓小平的话如出一辙。

郑成功纪念馆有一个陈列室，专门陈列了党和国家领导人以及名人学者的题诗、题词，如董必武、郭沫若、沈钧儒、黄炎培、陈叔通、谢觉哉、胡厥文、齐燕铭、李纯青等。

纪念馆建筑

对于游人来说，这个纪念馆中有一个遗憾。就是失踪的投降书。当年的郑成功在战斗取得了极大地优势后，表现出中国人独有的宽容、仁爱气度，允诺只要揆一投降，本国财物任凭搬运回国。此时的收复台湾战争，已经打了近一年，热兰遮城被围九个月，荷军既没有粮草，也不再有救兵赶来解围，揆一走投无路只好投降。降书第一条就是"双方忘记一切仇恨。"作为战败的荷兰人，也许永远忘不了郑军的威猛，中华的军威。此次战役，也是东西半球正式海上对决中，东方取得的第一次也是唯一一次胜利。很可惜，那份降书的中文版已经失踪。在降书的德文版本中，屡次出现的一个单词"Caosingou"，令西方汉学家大跌眼镜，完全不知道是地名还是人名。后来台湾闽南语学者破译了这个秘密，原来这个单词，是闽南语发音的"国姓爷"。"国姓爷"，就是一直令海上强权极其忌惮而"仇恨"的郑成功。

然而，郑成功这场伟大的胜利，对于他自己，则更像是一出悲剧。

就在即将收复台湾之际，大陆传来消息，因郑拒不降清，其父郑芝龙并全家11口于北京菜市口被杀。而当郑成功成功从荷兰人手中夺回台湾，拥有了反清复明的基地时，又传来噩耗，流亡缅甸的南明末帝永历被吴三桂俘获，在昆明被绞死。郑成功这位被历史铭记的英雄，孝已不能尽，而忠亦无法效。在收复台湾的四个月后，郑成功溘然长逝。

历史的沧桑总多是厚重悲凉，常令人怆然。然而，在今天的郑成功纪念馆，随处可以感到那一份悲壮、赤诚，以及中华民族生生不息的自强精神。

门票信息：免费。

开放时间：8：00—17：30。

交通导航：鼓浪屿有专线轮渡，可在中山路附近的鹭江饭店前码头上船。

胡里山炮台——神威镇海的古炮雄姿

胡里山炮台位于厦门岛东南海岬，毗邻厦门大学园区，三面环海。炮台既有欧洲风格，又有明清建筑的神韵，有着深刻的时代烙印和历史背景。

　　胡里山炮台始建于清朝光绪年间，是在当年洋务派主张下建设并投入使用的。为了兴建胡里山炮台，清政府投入白银数十万两添置设备，其中，光是购买一门德国进口、射程1.6万米的克虏伯大炮就花费了十万白银。1900年，胡里山炮台和那进口大炮让侵略者尝到了苦头。

　　早先，日本人以佛教的名义在厦门岛建了东本愿寺，为挑起事端，日本领事馆唆使日僧放火焚寺，并制造了"厦门事件"，派水军登陆厦门，试图以此

胡里山炮台炮

为借口打开中国的南大门。清政府出来调和，可是厦门全岛义愤填膺，发誓跟日军抗争到底。爱国官兵们未等朝廷调遣，冒着"犯上"重罪，在胡里山炮台将炮口瞄准了鼓浪屿的日本领事馆。日本鬼子本来要捏捏清政府这颗软柿子，抱着一举成功的心情来，这回见中方动了真格的，不由得踌躇起来。与此同时，驻厦门岛的各国领事馆都瞧热闹来，争相做出些调和的姿态，最后，日本人撤离了厦门。

1937年，正是乱世光景，日本兵在中华大地四处作乱。10月间日本舰艇开进厦门。偷袭向来是日本人的拿手好戏，不过，这次却没有得逞。胡里山炮台的威猛火力，极大地震撼了日军，并击沉了"箬竹"型13号舰。之后，为强化安全防卫，胡里山炮台加筑了台顶和围墙。在当时的艰苦条件下，将士们克服重重困难，甚至靠捡来的水泥钢筋才勉强将工程完成。

胡里山炮台一景

1949年厦门解放后，胡里山炮台由人民解放军接管。盘点时发现其中一门大炮，上面写着："昭和二十五年大日本皇军松本连队占领全厦要塞"。日本人是痛恨胡里山炮台的，但是为了防御工事，不得不保留那里的大炮。对于厦门人而言，胡里山炮台终归是正义的，为反帝斗争做了贡献。如今，来到胡里山炮台的这门大炮前，可以看到："中国人民解放军建阳部队于1949年10月17日解放厦门纪念"。

卸下沉重的历史使命，如今的胡里山炮台已经建成了遗址公园，城墙、老榕树，还有雄赳赳的大炮，向游人们无声地诉说着那沧桑的历史。

胡里山炮台不仅历史文化底蕴深厚，而且地理位置十分优越。炮台东面与金门岛相邻，南面与漳州临海、西与鼓浪屿交相辉映，北面是繁华市区，仅需20分钟车程即可到达高崎机场，10分钟到达轮渡码头，15分钟到达火车站，交通十分便捷。

门票信息： 25元。

开放时间： 7：30 — 18：00。

交通导航： 在岛内乘坐公交22路、29路、35路、47路、48路、86路、87路、96路、501路、503路、531路、616路、618路、809路、811路、812路、厦2线、厦20线、厦59线都可到达。

景州乐园——东望金门"大胆岛"

厦门景州乐园位于厦门本岛东南,在风光秀丽的"黄金海岸"线上。乐园三面环山,面向大海,与小金门、大担岛、二担岛隔海相望。来这里的游客,最重要的游览内容自然是东望金门,追思那遥远而驳杂的历史。

　　景州乐园位于厦门本岛东南,是一座结合了人文怀古、风光旅游、休闲度假等功能的大型游乐园。园中有山有水,瀑布常流;满园雕塑,欧范儿十足;异地复制的日月潭更是捎来浓郁的台湾风情……在这里,可以租一只"胶皮船"滑草,与自然亲密接触;开着碰碰车,怎么撞都不怕出车祸;驾上大马车听听轻音乐;扮一回独眼海盗;夜里举着钢叉烧烤;如果觉得自己的耐力较

景州乐园远眺

差，可以来找这里的"魔鬼教练"；邀上三五好友，载歌载舞度良宵……总之，景州乐园里面除了各种适合孩子的游乐项目，还是个大朋友们放松找趣的绝佳妙处。

从金山一直往上去，到了山顶松石亭，一定要停下脚步，眺望远处的金门岛。大金门、小金门、大担岛、小担岛，全是金门的岛，总面积约150平方千米。金门岛相距厦门很近，对于游泳，也并不算很远的距离。金门岛距离台湾也很近，过去台湾当局总瞪大眼看着金门。因为他们视该岛为台湾门户，"固若金汤"的门。金门旧有"仙洲""浯岛"等名字，意思说它就是海上仙境。但东晋之前，金门曾是荒岛一片。那时，中原兵祸严重，据说是羯、羌、氐、匈奴、鲜卑等五部胡人按捺不住，都来中原争地盘，就是所谓的"五胡乱华"。外族人争权争地，害苦了无辜老百姓，民众的日子实在过不下去了。有些人被迫背井离乡，一直逃到了大陆的最南，哪儿才是安身立命之所呢？他们最终找到了"仙洲岛"。

唐德宗李适任上，有天朝中封官，职位是"浯洲牧马监"，治所就在福建泉州，首届行政长官陈渊。陈渊领命赴任的同时还带来12大家子人去那里定居。那些举家迁徙的人们，后来都安置在金门岛了。"监"是古代国家的一个政府部门，人们耳熟能详的国子监就是负责教育的部门，负责天文历算等杂务的叫钦天监。牧马监顾名思义，是管养马的。单养马还不成，插秧、打粮、农政一应事宜，"牧马监"都得捎带着经管。自从陈渊当上金门牧马监，就没出现过一匹闹事儿的马。这些马儿，个个精气神儿十足，上得战场入得田园。真如通了灵似地，指东它们绝不往西。所以民间也俗称陈渊为"马祖"。陈渊爱民如子，在他的带领下，兴修水利，广播良田，不久这里就逐渐富庶起来。乡亲们送给陈渊一个称号，叫"开浯恩主"。当地人一直供奉着陈渊，因为他们相信，陈渊心中有金门，他会一直荫护这片土地。南宋小朝廷偏安一隅，高宗赵构时代，儒学大师朱熹到厦门同安县做了一名"文书"，官称同安主簿。朱熹来了之后，当务之急就是开设书院，感化民风。一时间由厦门到金门，家家诵诗书。美名曰"海滨邹鲁"，意思说金门治学风气太好了，真像山东孔子的故乡。这几位都是与金门很有关的名人。眨眼好几百年，明太祖洪武年间，古金门已经呈现熙熙攘攘的景象，城镇的规模逐渐扩大。于是，朝廷登岛筑城，并取名"金门城"。

明末清初，倭寇趁火打劫，频繁到厦门一带闹事，烧杀抢掠无恶不作，严重骚扰当地民众生活。金门岛上有座丰莲山，山边有个小庙，恩主陈渊就是庙里的主神。倭寇上岸之后，一把火就把庙烧了。老百姓无不咬牙切齿，誓报此仇。多行不义必自毙，倭寇烧庙次日，本来海上风平浪静，哪知海贼们刚想靠岸，突然间狂风大作，浓雾陡生。有人说，陈渊显灵了，金门岛上顷刻万民欢腾。没多久，朝廷听到了消息，也觉得是瑞兆，于是拨款修庙。修好的"孚济庙"中，追封陈渊为福佑圣侯。孚济庙今仍在，只是名字改成了"牧马侯祠"。庙里有幅对子："偕一十二家聿来胥宇，拓三十六社奠厥攸居"。褒奖陈渊开疆之功，字字贴切。

清末孙中山先生提出"民族、民权、民生"之三民主义，曾经，金门大胆岛有一面标语墙，写着："三民主义统一中国"，同时，对岸的厦门岛也有一面墙，上写："一国两制统一中国"。

大担岛二担岛，大胆岛二胆岛。不知是叫谐了音，还是二岛真的胆大？自古至今，经历了无数枪林弹雨，这里的居民始终保持了豁达乐观的精神。波诡云谲的历史风云都飘远了，现在的金门岛安详地望着眼前那片湛蓝的海水。游客若是逢年过节登岛，还能跟着当地人一起迎城隍，还能看他们抬着妈祖娘娘出来游街。满街红黄蓝绿，令人眼花缭乱，真是喜庆无极。金门厦门一水之隔，就如同台湾与大陆割舍不断的联系，说厦门的历史不得不提金门。

门票信息：68元。

开放时间：8：30—19：00。

交通导航：乘坐115路、857路到景州乐园站下车。

林巧稚纪念馆——永远的林妈妈

林巧稚纪念馆位于鼓浪屿东南的复兴路上，它又被称为毓园，建于1984年，是为纪念我国著名妇产科医生林巧稚专门兴建的。

　　林巧稚是中国人的"林妈妈"，她的一生，接生过超过5万个孩子。20世纪二三十年代，在医疗条件极端艰苦的条件下，林妈妈攻克了很多学科难题。成人的病，孩子的病，器官方面的病，还有病毒性疾病，不胜枚举。

　　林巧稚是北京协和医院的医生，那是一位美国老财阀首办的医院。地址在东城帅府园胡同儿，西邻王府井步行街，占的大清豫王府旧宅，门前伏着一

毓园内的雕塑

对卧狮。1921年协和医学院落成，林巧稚赶来应考。谁知开考没多久，同考场一位女同学突然昏了过去。林巧稚什么也没想，跟着急救队走了。同学苏醒过来，原来是天热中暑。林巧稚这才想起，她的英语试卷还没答完。考场意外"失利"之后，林巧稚做好了准备，随时返回厦门家乡。没想到协和医院正因为这个看中了她，不多久给她抛来了橄榄枝。各科成绩优异，关键时刻彰显医德，这样的学生着实难得。

考取协和那年，林巧稚已经读完了厦门女子师范，刚好20岁。随后的八年学医，对于当时那个年代，又正值妙龄的女子，确实是个考验。与林巧稚同期考入的女生，半数都中途回乡嫁人去了。

清末民初，职业女性开始成为社会新生族群，妇女已经可以出来工作了。协和走的是教学与临床一体化路线，1929年毕业，林巧稚受到了留校任教的邀请，成为协和第一个毕业留院的中国女医生。当时的聘书如此苛刻："兹聘请

毓园

毓园中的林巧稚雕像

林巧稚女士任协和医院妇产科助理住院医师……聘任期间凡因结婚、怀孕、生育者，作自动解除聘约论。"

那时的妇女解放理念还是刚刚普及，多数人仍旧停留在"嫁汉嫁汉穿衣吃饭"的阶段。以林巧稚为代表的协和首批女医生勇于突破传统观念束缚，大胆承担起社会责任，实在让人钦佩。想结婚就结吧，大不了辞职？这样想倒是没什么不对，但如果少了包括林巧稚在内的女医生，当时的中国不知会多出多少病无可医的妇女儿童。林巧稚不得不舍小家为大家，将小我置之度外了。

1949年北平城即将解放，国民党爱国将领傅作义想到一件事，于是派夫人找林巧稚来了，还带了份礼物："全国特权机票"。意思说林大夫拿着它，想去哪儿就去哪儿，交通费全免。林巧稚为什么要离开北京呢？因为北京既然作为首都，相比从前，医疗水平会得到极大改善，但是信基督教的林巧稚，却想到更需要她的地方去。

林妈妈活到82岁高龄，一辈子有六十来年不离工作岗位。1983年4月22日，巧稚妈妈再不堪病体，无力合上了双眼。"创妇产事业，拓道、奠基、宏图、奋斗、奉献九窍丹心，春蚕丝已尽，静悄悄长眠去；谋母儿健康，救死、扶伤、党业、民生，笑染千万白发，蜡炬泪成灰，光熠熠照人间"。毓园的这一副60字挽联，是对她忘我奉献人生的最好写照。

除去绿树繁花之外，毓园的基调是白色的。白墙馆舍，还有汉白玉雕塑，都在无声地向游人讲述着林巧稚的纯粹人生，纪念馆的遗物、展览，也激励着接过林医生遗志的后来人：用医学解除世人病痛，让世间更美好。

门票信息： 免费。

开放时间： 8：00—19：00。

交通导航： 鼓浪屿有专线轮渡，可在中山路附近的鹭江饭店前码头上船。

鼓浪屿音乐厅——音乐串联历史

鼓浪屿音乐厅于1987年建成并投入使用。现为厦门高雅音乐演出的重要场所。音乐厅以木质材料为主，尽量保证自然的音响效果，曾得到过诸多著名音乐家的好评。

　　1992年，上海交响乐团来到鼓浪屿音乐厅演出时，著名指挥家陈燮阳在留言簿上写道："鼓浪屿音乐厅的音响是我们中国音乐家最最向往的，我们为此感到无比自豪和骄傲"。菲律宾著名钢琴家卡明达·雷格拉、美国钢琴家乔治·帕帕斯塔夫、迈克·庞提、牙买加的格雷丝·鲍泰利以及台湾钢琴家衬淑

音乐厅外景

丽等人，都在此演出过。内地慕名而来的音乐家更加不胜枚举，除了鼓浪屿本土的许斐平、殷承宗、许兴艾，还有孔祥东、傅聪、陈燮阳、石叔诚、温可铮、赵晓生、俞丽拿、施鸿鄂、吴雁泽、郑石生、鲍蕙荞等一大批著名音乐家曾到此演出。现在，鼓浪屿音乐厅已成为国内年轻音乐家的圣地。

鼓浪屿除了被誉为"万国建筑博物馆"，还是中国南方的音乐之乡，有着"钢琴之岛"的美称。只有不到2平方公里的岛上有钢琴600多台，100多个音乐世家，密度居全国之冠。著名的波浪屿音乐厅、钢琴博物馆、风琴博物馆更是吸引无数游人登岛参观。

这样浓厚的音乐氛围是怎样形成的？还得从19世纪说起。鸦片战争之后，厦门被辟为"五口通商口岸"，很多外国人来到岛上，并定居下来。之后不久，鼓浪屿变为公共租界，因为中意这里的自然风光和人文风情，英、美、法、德、日等13国先后在此设立领事馆。这时，距离因基督教传播而引西方音乐入岛，已经过去了半个世纪。这些历史渊源，都为鼓浪屿成为"音乐之岛"的环境创造了条件。例如，领事馆的建立，促使了教堂的兴建，必然导致钢琴、风琴的大量引进。教会势力的扩大，使得很多有志于音乐的年轻人可以借助教会的赞美诗、教堂音乐，发现自己的才华。加上这里优雅的人居环境，使鼓浪屿成为"东方的维也纳"，培养了一批又一批杰出的音乐家，从20世纪二三十年代的周淑安、林俊卿到六七十年代的殷承宗、吴天球、许斐星，再到八九十年代的许斐平、陈佐煌、许兴艾，音乐脉络始终相承。因此，鼓浪屿被中国音乐家协会命名为"音乐之岛"。

著名的钢琴家殷承宗，最为世人熟知的就是由冼星海《黄河大合唱》改编而成的《黄河协奏曲》。这部作品为他赢得了世界级的声誉。鼓浪屿出生的殷承宗9岁就举办独奏会，曾经获得第二届"柴科夫斯基国际钢琴大赛"亚军，"文革"时期，他进行了一系列音乐方面的探索，周总理听了他的《黄河协奏曲》之后，诧异惊呼，"冼星海复活了！"。在国内有了较高的知名度之后，他的天赋吸引了"四人帮"的注意，当时，江青等一帮人希望通过"八大样板戏"等为他们赢得更多的政治资本，迫切需要一些有分量的音乐人才。他们对颇有才华的殷承宗大加提拔，委任他为中央乐团党委副书记，这在当时是个不小的官职。"四人帮"倒台后，殷承宗作为"四人帮在中央乐团的代表"，遭到了批判，受到了四年的隔离审查。虽然成为政治运动的受害者，虽然有过坎坷的际遇，但殷承宗没有放弃他的音乐，也没有一蹶不振。80年代，他去了美国，相继在各大城市的音乐厅举办演出，先后与费城管弦乐团、维也纳爱乐乐团、莫斯科爱乐乐团等合作。他以精湛的钢琴技艺在国际上得到了很高的知名度，并致力于古典民乐的对外传播。

1952年出生在鼓浪屿的许斐平，被认为是中国钢琴界少数的几个天才之一，曾是中央音乐学院的首席钢琴独奏，1980年从朱丽叶音乐学院毕业后，他一连在8个国际钢琴大赛中得到金奖，轰动了美国，被《纽约时报》和《华盛顿邮报》誉为"钢琴界的国际之星"。很不幸，他在2001年因为车祸去世。他们许家的许斐平、许兴艾都是享誉海内外的音乐家。

胡友义也是鼓浪屿人。常年在国外从事音乐研究的胡先生，是鼓浪屿两座乐器博物馆的最主要捐赠人。没有他，现在的游客不可能看到令人陶醉其中的钢琴博物馆和风琴博物馆。他曾说过：

"不论在世界任何地方，

鼓浪屿都是我永远的故乡。

我把毕生收藏的钢琴，

放在这里展览，

是我将自己最珍爱的东西，

搬回了家。"

音乐厅外景

音乐之岛

鼓浪屿"音乐家摇篮"的美名，当之无愧，而鼓浪屿音乐厅，又是鼓浪屿对中国乃至世界音乐贡献的集中体现。喜爱音乐的游客来到这里，如果行程较紧的话，不需要刻意准备，也许在随意的时间安排中，就可以到鼓浪屿音乐厅感受一场世界级的音乐演出。

除了音乐厅，这里的其他演出场所如音乐学校、交响乐团也数量众多。每当节假日，在岛上的室内室外，常有各种各样的音乐演出，有的是朋友间的即兴玩乐，也有的是一家祖孙三代同时演出，真是羡煞旁人。此外，当游人漫步在鼓浪屿的各个角落，都会时不时听到不知哪里传来的钢琴声，悠扬的小提琴声，或是优美的歌声。音乐，一直是鼓浪屿独特绚丽的风景。

门票信息： 参观免费。

开放时间： 19：30—20：30。

交通导航： 抵达鼓浪屿风景区后，沿着繁华的商业街龙头路步行10分钟即可到达音乐厅。

第 3 章

迷失在博物馆的浪漫里

怀旧博物馆——光阴倒回一百年

鼓浪屿怀旧博物馆是由台商洪明章出资兴建的，展览分为领事馆、德国谦记洋行、工部局、餐厅、客厅等9个展厅，展品琳琅满目，充满浓浓的怀旧色彩。

　　鼓浪屿怀旧博物馆，又名怀旧客栈，位于一座极具特色的怀旧红砖楼内。它是鼓浪屿目前保存最完好的红砖楼。馆中展出2 000多件鼓浪屿租界时期的西洋民俗及生活用品，尽是老物件。尽管不能一馆望穿厦门往事，却可让人收获良多。

　　2006年5月1日，鼓浪屿晃岩路上，这栋旧式红砖楼内，怀旧博物馆开门迎客。它是一座私人博物馆，是台商在中国大陆兴办的第一家私人博物馆。它的主家是洪明章，一位对两岸历史挺有感触的文化商人。经营博物馆操心，而且不比搞房地产有赚头，但洪先生并不是图盈利、奔出名来的。

　　洪明章为了展示百年鼓浪屿，从民间搜集到一批清末民初厦门华工劳务输出的证物。除了当年的英文出国护照之外，其他众多物品都属首次亮相，是反映闽南人那段出洋惨痛历史的珍贵文物。

　　只要踏进怀旧客栈的门槛，无需刻意寻找，一种说不出的温馨情怀就会扑面而来。柜子是老的，桌子是老的，板凳是老的，电灯是老的，锅碗瓢盆都是老的……还真是够全的。仔细想想，这就是跟我们最贴近的真实生活，一辈传一辈来的。如果一遭全都改头换面，那凭借什么来怀念呢。

　　当年道光皇帝草签《五口通商章程》，之后厦门就成了"大马路"，洋人们在这里随意干起自己喜欢的事情。如今怀旧客栈这栋房子，曾经是英商开的一家洋行。洋人们贩卖华工的勾当，十恶不赦。怀旧博物馆里展示了他们的历史罪证，"工分币""华工须知""返乡证""回头纸"等都可以看到。

馆内藏品丰富

　　怀旧客栈的大"掌柜"洪明章先生，是台湾屏东人，　2000年来到厦门。洪先生第一眼见到厦门就有种说不出的亲切情感。他想着，怎样才能将这种血脉亲情展示出来，让更多人真切感受呢？那就建博物馆吧。他想尽最大的努力让历史印记被更多人见到。怀旧客栈开馆后，许多朋友从四面八方涌过来争相观看"老厦门"，这让洪先生觉得很欣慰。随着收纳展品一日日丰富，晃岩路38号老房显得局促起来。2009年5月，洪先生将他的怀旧鼓浪屿博物馆迁到了福建路62号，这也是一栋二层老别墅，同时有了第二个名字："百年鼓浪屿博物馆"。这老屋原来是新加坡华侨银行的办公地点。

　　洪明章先生成功在鼓浪屿办博物馆之后，越来越将更多心思投入到文化事业当中：宣传科普的"珍奇世界博物馆"；讲述闽台两地历史文化的"海峡两岸博物馆"等，让来来往往的老百姓有了更多好的文化去处。

　　中国宝岛台湾，与福建省仅仅一海之隔。岛上四季如春，有着各种奇异的琼花琪草，以及美味的热带水果。除此之外，岛上有多少好吃的东西？还存有哪些老手艺？原著民仍旧保留怎样的独特习俗？闽剧好听不好听……洪明章先生近些年开办的"海峡馆"，展品有3万多件．它的位置，距离怀旧博物馆并不算远，如果您有空去的话，可以同时一饱眼福。

门票信息： 40元。

开放时间： 8：00—18：00。

交通导航： 在厦门乘2路、3路、4路、10路、11路、12路、25路等公交车到鹭江道下车，之后从轮渡站摆渡上岛。

观复博物馆——传统中国阅不倦

观复博物馆是新中国第一家私人创立的博物馆。该馆展览侧重开放形式，强调人与历史的沟通，突出传统文化的亲和力。

1996年10月30日，观复博物馆喜获批准，并于1997年1月18日正式对公众开放。这是中国文化界的一件大事，它的创始人是著名的民间收藏家马未都。

观复博物馆

"致虚极，守静笃，万物并作，吾以观复，夫物芸芸，各复归其根，归根曰静，静曰复命。"这是老子《道德经》的原文，意思是说：无论宇宙中存在多大变幻，总会有个极限的，只要认真反复地观察，必定可以认清事物最根本面貌。"观"就是看，"复"就是重复，所以"观复"就是不厌其烦地看，直到看透了为止。

外馆建筑

精致的馆内部分物品

观复博物馆馆长马未都先生，是文化圈中很有名气的大收藏家。自从20世纪80年代涉足收藏界，马先生凭借一双慧眼，收藏了很多著名的藏品，从瓷器到家具、从文玩玉器到书画碑刻……数不胜数。

马先生一直想让大家与他共同分享欣赏文物、领略文化魅力的喜悦，为此，他先后写出了《马说陶瓷》《明清笔筒》《中国鼻烟壶珍赏》《中国古代门窗》等优秀作品。有的登载于业界一些权威刊物，也有独立成书的。之后，借着大众传媒的力量，央视《百家讲坛》让全国观众认识了一位眼睛细小，头发花白，总是笑容可掬的马未都。

在以"敢为天下先"的勇气开办了中国第一家私人博物馆之后，"观复博物馆"各类展出、活动不断。1996年，明末清初青花瓷器展；1997年，中国古代文房用具展、中国古代箱匣展；1998年，宋辽金元古瓷展、明清小品展、海上怀旧展；1999年，康雍乾青花瓷盘展、中国古代金属工艺展；2001年，中国古代家具展；2004年，黄花梨家具展；2005年，"观复"厦门馆中国古代家具展和中国明清瓷器展；2007年，中国明清工艺展……

如果看过了观复博物馆的北京馆，也去过杭州馆，那么，到观复博物馆的厦门馆也许可以体会不一样的感觉。但无论你在哪个观复博物馆，都会深深感受到建馆人、博物馆支持者、捐献者那种以弘扬中华传统文化为己任的精神。

门票信息： 30元。

开放时间： 9：00—17：00（16：00停止售票）与周一下午3点停止售票。

交通导航： 景点位于菽庄花园内。乘渡轮至鼓浪屿观海园码头上岸，步行几分钟即到。对开航班：早高峰 7：00—8：30（每10分钟一班）中午高峰11：30—12：30（每10分钟一班）下午高峰13：30—14：30（每10分钟一班）晚高峰 17：00—13：30（每10分钟一班）其他时间每15分钟一班。

风琴博物馆——无与伦比的音符美

鼓浪屿风琴博物馆位于鼓新路43号，2005年开始部分对游人开放。该博物馆是在管风琴收藏家胡友义的支持和倡议下筹划的，博物馆的所在地是著名的景点八卦楼。

　　坐落在鼓浪屿的风琴博物馆，也叫鼓浪屿管风琴博物馆，是目前国内唯一、全世界最大的风琴博物馆。与它相距不远的是钢琴博物馆。两馆交相辉映，吸引了无数的音乐爱好者、乐器爱好者，来到这座美丽的小岛，领略古董乐器的传世魅力。馆内，除了有数百台簧风琴、手风琴、口风琴以及三台大型管风琴，还有电子琴、数字琴和电影院管风琴等各类珍品，不愧是世界最大的风琴博物馆。

景点入口

著名的"诺曼比尔德"管风琴

70

　　鼓浪屿风琴博物馆原先和厦门博物馆共用一馆，所在的这个建筑，颇有名气，被称为八卦楼。当年，八卦楼是鼓浪屿最有名的地标建筑，建于1907年，原主人是台湾板桥林家的三少爷林鹤寿。八卦楼由原鼓浪屿救世医院院长、美籍荷兰人郁约翰设计，设计者借鉴了巴勒斯坦、希腊、意大利和中国一些经典建筑风格，其中，令人瞩目的圆顶高10米，有8道棱线，置于八边形的平台上，所以这座楼被称为"八卦楼"。

　　1895年，林鹤寿跟随父亲来到鼓浪屿定居。林鹤寿的曾祖林平候经商致富，祖父林国华捐了官衔，在台湾颇负盛名。他的父亲林继德，是菽庄花园林维源的弟弟。甲午战争中国战败后，台湾被日本占领，林继德一家不愿做日本顺民，于是举家迁居鼓浪屿。林鹤寿继承祖业，在厦门水仙宫开设"建祥钱庄"，经营得有声有色。林鹤寿钟爱鼓浪屿的秀美风光，立志要在这里盖一座风格独特的大别墅，还要能够站在别墅的天台上看到整个鼓浪屿和厦门市区。有了这个想法后，他不惜重金，向英属和记洋行买了鼓浪屿笔架山东北1万多平方米的山坡地。

　　之前，林鹤寿曾资助过美国教会的"救世医院"（现为厦门市肺科医院），结识了院长美国人郁约翰。郁约翰早年学土木工程，后来改做医生，随同美国传教士来到鼓浪屿。他了解到林鹤寿建别墅的想法后，愿意免费帮他设计，以答谢他对医院的捐款之恩。林鹤寿自恃财力雄厚，怀着"不建则已，一建惊人"的壮志，在郁约翰的鼓动下，还没经过认真论证，就在1907年开始动工兴建。设计图纸中，虽然别墅构造独特，但花费巨大，所使的材料都属上乘，有的还特别专程从外地运来。

　　转眼十多年过去，到了1920年，由于工程资金超支，林家的家业也被别墅所拖垮。林鹤寿这时已经不是少年心态了，终于放下当年的豪言壮语，决定放弃八卦楼，远走海外。这之后，他再也没有回过鼓浪屿。人去楼空之后，这座未完工的别墅一度被传为"鬼屋"。说来遗憾，十多年的心血，林鹤寿一天也没有住过，并且，他留下的八卦楼不但内部未能完工，甚至屋顶也未能完成。

绿树围绕的八卦楼

参照希腊海拉女神庙的大石柱而设计的馆门口的82根大圆柱

1924年，日本领事馆派人完成了穹窿顶，草率地对楼内进行了修整，然后，在八卦楼内办起了"旭瀛书院分院"。抗战期间，它曾做过难民收容所。抗战胜利后，八卦楼一度被用作厦门大学的新生院。1954年，由福建省财政拨款，对大楼进行了全面维修。这之后的八卦楼，先后成为中医学校、业余科技学校、电容器厂、电子研究所，见证了那段历史的风云变幻。1983年，厦门市人民政府将八卦楼定为厦门博物馆。

走进风琴博物馆的大厅，可以看到矗立在中央，高5米、宽3米多，有着1350根音管的英国"诺曼比尔德"管风琴。这个管风琴，制造于1909年，已经有100多年的历史。筹建管风琴博物馆时里60多台管风琴全部是旅澳华人胡友义捐献的，这些是他毕生最珍贵的藏品。胡友义热爱着自己的家乡鼓浪屿，他曾这样说过："我将尽毕生的力量，将鼓浪屿风琴博物馆建设成世界上最大、最出色的风琴博物馆！管风琴是西方最崇高而神圣的乐器，我希望全世界爱好音乐的人们都能带着朝圣的心来到我的家乡鼓浪屿，欣赏她无与伦比的美丽。"这也是鼓浪屿风琴博物馆对于游人的期待吧。

馆内的风琴

馆内的古董风琴

门票信息：20元。

开放时间：8：00—17：00。

交通导航：在厦门乘2路、3路、4路、10路、11路、12路、25路等公交车到鹭江道下车，之后从轮渡站摆渡上岛。

钢琴博物馆——琴声海声中的宁静

推荐星级：★★★

鼓浪屿钢琴博物馆位于菽庄花园的"听涛轩"。馆内展示的百余架钢琴中，有70多架古钢琴来自胡友义先生的收藏，其中的许多钢琴都经历过两次世界大战。

　　想了解世界钢琴发展史，又不想读枯燥无味的书本，可以到鼓浪屿钢琴博物馆看一看。这里有"古钢琴之父"克莱门蒂19世纪初制作的四角钢琴，它不仅音响洪亮，还是目前世界上琴身最大的钢琴；1928年美国制造的全自动"海纳斯"钢琴，造价昂贵，在当时引起了极大地轰动，它可以用打孔的琴谱演奏出音乐大师贝多芬、勃朗姆斯的作品；德国钢琴大师舒楠制作的古键琴现在已成为绝版，它的发音原理不同于钢琴的击弦而是拨弦，黑白琴键与钢琴相反。

钢琴博物馆

博物馆主楼

克莱门蒂四角钢琴

舒楠当年的德国琴厂毁于战火之中，使得这架古键琴更加珍贵；一台没有名称的皇家御用钢琴，除了外表雍容华贵，琴内竟然镶有三个皇冠；1899年制造于伦敦的街头钢琴，在当时置于板车上被推到闹市耍猴、卖艺，通过手摇发音；博物馆里还有世界上零件最复杂的钢琴。尤其值得一提的是，有一台钢琴，曾经被大火烧成了两截，后来被接起来，是一台无法弹奏的钢琴。每架钢琴，都有一段故事，甚至还涉及不少名人。说起这些饱经沧桑的乐器、艺术品，不能不提到它的捐赠人，同时也是风琴博物馆的发起人、捐赠人——胡友义先生。

胡友义生在鼓浪屿一个爱好音乐的家庭。小时候，他父亲经常带他到"三一堂"听钢琴演奏。在鼓浪屿音乐气氛的熏陶里，胡友义从小就对音乐、对钢琴有着极其深厚的感情。他在上海音乐学院度过了几年求学时光，当时师从著名的音乐家李喜乐和钢琴家顾圣婴。20世纪60年代，胡友义到香港演出以及教授钢琴。因为一次机缘，他获得了赴比利时布鲁塞尔皇家音乐学院深造的机会，主修管风琴和钢琴演奏艺术。毕业后，胡友义在欧洲各国游学、执教多年，由对音乐的喜爱，慢慢发展为对世界文化艺术史的兴趣，逐渐开始搜集一些艺术品和乐器，既有东方的，也有西方的，包括中国的古玩、家具，西方的古典绘画等，尤其对钢琴情有独钟。钢琴向来被誉为乐器之王，它不仅体现了一个时代的整体工艺水平，也反映了文化艺术、工业技术等各方面的信息，是乐器中不可多得的"史书"。后来，他与夫人黄玉莲移民澳大利亚，在那里从事音乐研究工作。

夫妻二人对收藏古乐器都有着超出常人的钟爱，二人集毕生之力，搜集了世界各地不同种类的珍稀乐器，其中以钢琴和管风情为最。两人好不容易在墨尔本找到一座合适的山头，那里有美妙的原始森林和山顶瀑布。在此优美环境里，他们建起了亭台楼阁俱全的"胡氏山庄"。那里气候相对干燥，正是珍藏钢琴的好地方，因而成为胡友义夫妻的钢琴王国。

20世纪90年代，当听说鼓浪屿将着力发觉本地的音乐文化，作为岛区未来的发展思路时，夫妻二人感到非常兴奋。经过商量，他们决定把多年的收藏品送回厦门，运到故乡。

1999年，钢琴开始装运，从澳大利亚送往鼓浪屿。70多架钢琴中，有一架19世纪制作于伦敦的科勒德钢琴。这架钢琴音色独特、工艺精湛，它曾经是一位叫作史密斯太太的传家宝。二战时候，史密斯太太为了躲避战火，告别了家乡，历经千辛万苦，将这台钢琴从英国辗转带到澳大利亚。几十年之后的1988年，老太太已经80多岁了。因为年纪太大，独自生活甚是不便，因此当地政府建议她搬到老年公寓居住。老年公寓的住所放不下这台钢琴，而老太太却一定要找个值得托付的人，所以迟迟不肯搬家。后来一个修琴专家把胡友义介绍给了史密斯太太，认识了之后，她从多方面了解胡先生的为人，还亲自跑到胡先生的住处——"胡氏山庄"去考察。在长达半年多的考虑之后，老太太终于决定将琴卖给胡友义。临搬琴那天，老太太摸着琴，竟然痛哭起来，在场的搬运工和胡友义也不禁觉得伤感。那个传家宝，一定寄托了不止一代人的深厚感情。那件事之后，胡友义"钢琴人"的身份越来越被人熟知。

将这些珍爱半生的宝贝捐给博物馆，胡友义夫妻的心情和史密斯太太是非常相似的。"钢琴就像我的孩子一样。"最后一台钢琴从胡家搬到博物馆时，胡先生这样说。但他始终觉得，把钢琴搬到了鼓浪屿，放在了博物馆，就是送

馆内的钢琴

博物馆内的琴园

回了家里。2000年1月，鼓浪屿钢琴博物馆在菽庄花园的"听涛轩"建成。2001年12月22日，厦门特区成立20周年，鼓浪屿钢琴博物馆的二期新馆也开幕了。

博物馆里，钢琴是古老的，连装饰物，包括烛台灯饰等也都有百年以上的历史，给人以沉静的古典美。馆内每隔半个小时会有人用专门的钢琴，进行即兴弹奏，包括全自动的"海纳斯"钢琴，也会参与演出。这些钢琴不仅体现了极高的艺术价值、人文价值，也反映了胡友义和鼓浪屿人在音乐方面的价值观和艺术观。

鼓浪屿钢琴博物馆是名副其实的"琴的王国"，在鼓浪屿的涛声里，100多台雕刻有岁月沧桑的钢琴，静静地向游人诉说着钢琴在历史变化中那些不平凡的故事。

门票信息： 30元。

开放时间： 8：15—18：00。

交通导航： 在厦门乘2路、3路、4路、10路、11路、12路、25路等公交车到鹭江道下车，之后从轮渡站摆渡上岛。

世界名人馆——大人小人群英会

厦门世界名人馆以超级写实雕塑的艺术表现形式，制作了世界明星、球星、政治人物等近百多位栩栩如生的硅胶塑像。除此之外，馆内最著名的是布袋戏表演，戏中出现的也是古今名人。正可谓，大人小人群英会。

鼓浪屿鹿礁路111号世界名人馆，占地面积约1500平方米，馆内珍藏着百余尊硅胶"名人"。演艺明星、体育球星、政界明星……不论古今中外，只要具备足够的社会影响力，世界名人馆也许都有一席之地。

世界名人馆除了逼真的人物像，更有好看的布袋戏。站在台上的那些小家伙，上天入地，能文能武，伸胳膊伸腿儿似乎比真人还灵活。

布袋戏跟北方木偶戏相似，主要的区别是在操作方法上。木偶戏又称傀儡戏，意思说那个人偶再精灵，也是靠表演者操纵的。当然，布袋戏也有很多别名，例如：布袋木偶戏、手撮傀儡戏、手袋傀儡戏等。由此可见，布袋戏的前提还是木偶戏。所谓的"布袋"，是形容布袋戏人偶的衣裳像个袋子。当操纵木偶的艺人将手伸到"布袋子"里头，布袋戏偶就活了。而木偶若想灵动起来，则是依靠线绳抖动来实现的。

布袋戏也要唱念坐打的功夫，也分生旦净末丑的角儿，武戏的锣、鼓、钞、钹，文戏的二胡、唢呐、笛子……一样都不少。只不过前台换作戏偶，叽叽喳喳闹个不停。东晋王嘉的《拾遗录》中这样描述布袋戏："或于掌中备百兽之乐，宛转屈曲于指间。人形或长数分，或复数寸，神怪倏忽，玄丽于时。"这是对布袋戏生动精彩的总结，说戏偶演什么像什么，如果台上模拟的是百兽，说不定让人以为自己到了动物园呢。

听说过喜鹊告状吗？清康熙年间，某地方公堂之上，突见一群喜鹊结伴飞来，到门口就对着县官哀嚎不已。县老爷当时懵了，这不下雨不闹饥荒的，这么多喜鹊来做什么？恐怕是有冤情。于是，他派衙役兵分两路，一拨在市井调查，一拨往郊外打探。奇怪的是，市场竟然有卖喜鹊的，跟卖鸡卖鸭一样。上前一问才知，乡亲们买喜鹊是为了"救命"。据说近来乡间疫症流行，必须吃喜鹊肉才能好。因此，喜鹊遭殃了，无端遭受屠戮。揪住了这条线索，县太爷往下追查下去，果不出他所料，是有不法鸟贩子散布谣言，目的是要赚取黑心钱。查明了事实真相，在官府的努力下，所有的喜鹊都获了自由。这个故事也被编入布袋戏了，戏名就叫《喜鹊告状》。在世界名人馆里，这出戏演出的非常火。

　　福建的布袋戏，台湾的布袋戏，广东的布袋戏。到底哪儿才是布袋戏的根儿呢？福建人经过考察，确定布袋戏的祖师是莆田仙游县的梁秀才。梁秀才是明朝人，名已不可考。秀才自然以博取功名为主业，可是，满腹经纶的梁秀才就是屡试不第。

世界名人馆

世界名人

又要进京赶考了，梁秀才心情非常复杂。他觉得，自己十年寒窗，下的功夫着实不比别人少，怎么就考不上呢？想来想去，他想到了神仙，求神仙帮个忙吧。于是，他去庙门烧了一大把香，跟神仙大倒了一番苦水。这天敬完香，他果然踏实了不少，夜里睡得挺安稳。迷糊之间，一位仙风道骨的老者飘悠悠过来，一把抓住了秀才的手，还提笔要在他掌心写字。秀才一眼不眨地盯着看，终于看清了，"功名归掌上"五个字。白胡子老者飞走了，秀才反复咀嚼真言的含义，然后他就惊醒了。他仔细看了看，手上却没有字。接下来，他很快又考砸了。

神仙不灵吗？秀才落榜返乡后，最初感觉空虚失落，但很快找到了奋斗目标。他开始做"小娃娃"，不是扎蝴蝶结那种，而是塑造历史人物形象。做完之后，他就给街坊四邻唱讲故事。这样一来，秀才每天编新戏，一肚子学问都用上了。尽管官场不得意，这也能算自我实现，他的名气一下子大了起来，周边几百里都知道莆田有个说戏的梁秀才。后来，经过几百年时间，融合了群众集体创作改造，布袋戏诞生了。

改编自《水浒》故事的《大名府》；由唐朝名将雷万春事迹演绎的《雷万春打虎》；唱大明朝宦官刘瑾为非作歹的《三门街》……这些戏里，既有历史文化，也能看到被戏剧保留下来的民间习俗。总之，布袋戏老少皆宜，百看不倦。

所以，到鼓浪屿的名人博物馆，除了与名人合影，一定别忘了看看那里有名的布袋戏。

门票信息： 50元。

开放时间： 8：30—17：30。

交通导航： 乘10路、27路、30路、51路、52路、71路、97路、503路、505路、506路、526路、528路、531路、厦2路到轮渡站下车。乘船过渡到鼓浪屿，下船左转163米。

桥梁博物馆——先过河后跨海

厦门桥梁博物馆坐落在海沧大桥东岸锚碇内。它的陈列丰富、馆内的布置设计运用了先进的科技手段。博物馆造型新颖，为海沧大桥增添了别样的景色。

厦门桥梁博物馆，坐落在海沧大桥东岸桥底下，紧挨着桥墩子。这个博物馆以海沧大桥为主要实物展品，划分出建设展示馆、大桥监控中心，以及中国桥梁百年回顾展三大主题区域。

桥梁博物馆外观

馆内展品丰富、讲解详细

馆内建筑设计独特

　　人类修筑桥梁已有长久历史了，岁月的长河里，无数的名桥被建造出来。厦门是"桥乡"，因为它的四边都是海。不过，尽管是每天过桥的人，也不见得了解桥梁。因为桥在人的脚底下，因为桥又大又宏观，不容易看透。

　　古中国四大名桥，就是赵州桥、卢沟桥、洛阳桥、广济桥；现代的钱塘江大桥、南京长江大桥、武汉长江大桥，座座身形伟岸；美国旧金山金门大桥，横跨近两千米宽的金门海峡……这些桥规模不等，兴建于不同时代，出自不同建设者之手。但是，它们首先都于人类有益，而且在各自的存在历程中被赋予了不同的文化内涵。

　　隋炀帝大业年间建起的赵州桥，架设于河北赵县洨河上。您看这座五孔石桥，中间有一大型拱券，两肩各驮着俩小孔。如今它虽然被埋没乡里，可是它改写过世界桥梁史。早在1 400多年前，此桥单孔大跨度37.4米，真是了不起的创举。赵州桥落成1 200多年之后，欧洲才诞生了同类建筑。

宋哲宗赵煦很欣赏赵州桥，为此还御赐桥名曰"安济桥"，表面意思说：赵州桥帮百姓渡河，功劳非常大！尽管修造年代较早，赵州桥结实耐用，但它的技术指标在现在看来都非常值得称赞。它存在了一千几百年，期间经历的地震洪水等自然灾害无法数清。最严重就是1966年邢台大地震，那年的7.6级地震，将附近无数房屋推倒，大树连根拔起。然而，赵州桥依旧安然无恙。后来美国人也听说了中国赵州桥，20世纪90年代给了它一个荣誉称号："国际历史土木工程的里程碑"。在桥梁博物馆里，可以看到类似的许多桥梁和它们的荣誉。

走过村边小河不湿鞋，或许会让古人感到很知足了，当年压根儿不敢想过江过海一类的大事。可是现在桥梁不一样，它们不仅肩负疏导交通的使命，而且成为重要的城市景观。如果是生活内陆远离水域的游客，平日就不怎么过桥，那更需要走进桥梁博物馆看一看。

这些让人眼花缭乱的老桥新桥，中国桥外国桥，都创造过各种骄人业绩。走出桥梁博物馆，下次再从这些名桥上通过的时候，一定会让人心潮澎拜。

门票信息： 20元。

开放时间： 7：30—17：30。

交通导航： 在市内乘坐57路、62路、71路、72路、77路、83路、92路公交车都可到达。

第 4 章

人文与美景间自由徜徉

避暑洞——神之脚真不小

古避暑洞位于鼓浪屿上，是个很有特色的山洞。古避暑洞的花岗岩巨石仿佛从天而降，由两旁的石壁支起，给人泰山压顶之感，十分险峻。除此之外，景点还有文人留下的题刻、墨迹。

　　鼓浪屿避暑古洞，两边路崖顶起巨石，底下阴凉一片。大石正中央，"古避暑洞"四个大红字方方正正，那是清末著名台湾文人施士洁书写的。施士洁

古避暑洞的大石

祖籍福建晋江，6岁即吟诗作对；22岁题名进士榜，曾当过内阁中书，是皇帝钦点的文官。在官场浮沉了半生，最后他选择了回乡任教，去家乡投身教育事业。

旧时人才发展受限，做很多事不可能随心所欲，知己更是难觅。而施士洁返归台南时，正遇见同道好官。这人就是巡抚唐景崧。唐景崧非常重视地方文教事业，见到施士洁回乡，立马聘请他去"海东书院"当院长。台南的海东书院，占地千余亩，是台湾当时最大的书院，素以学风端正，教学质量高而著名。我国著名现代作家许地山的父亲许南英先生，在海东书院念过书。唐景崧是同治年间的进士，之后入官场闯荡20年，逐渐厌倦后他向往起无官自在的生活。光绪八年，法国人打到了越南。唐景崧递了个折子，意思说：圣上，这事件可不算小，法国人有杀鸡儆猴的意图呢。朝廷一琢磨挺有道理，就派他奔赴越南前线，抵御侵略者。唐景崧参与抗法，跟着黑旗军老将刘永福，辗转中越边境，经历过不少实战。枪林弹雨中，到了1884年年底。唐景崧在洋务大臣张之洞支持下，组织了一支队伍，名曰"景军"。大队人马到越南宣光与敌人短兵相接，结果不尽如人意。虽然唐景崧战场不算风光，但他的官阶倒是升了，被派到台湾出任布政使。

唐施二人，正是在这段日子相识相知。没想不久之后，大清国决定"卖掉"台湾。一时民愤四起，民众一致推举唐景崧带领群众奋起抗日。

那时的日本鬼子夺岛心切，军队飞快朝台湾进发了。按说唐景崧应该身先士卒，事实上他最后选择了离台，并未将抗敌坚持到底。后来，他到了桂林，从此远离名利场，受聘于桂林某学堂，讲授"汉语言文学"。唐景崧的课上，总会将中法、中日两场战争实况切进来，为鼓励学生们发愤图强。期间唐景崧还专心致志探究戏剧文学，留下了《请缨日记》《寄闲吟馆诗存》等四一多出、众多的史料及理论著作，还开创了桂剧剧种。

清政府割舍台湾那年，施士洁已过不惑之年。中国有句古话形容仇恨之深，叫作"不共戴天"，为了不跟日本人共这台湾一片天，施先生在唐景崧离开之后，由于形势急转直下，也离开了台湾。为了"誓不做日本国子民"，他写了首诗："逐臣不死悬双眼，再见英雄缚草鸡！"后来，悲愤交加的施士洁去了鼓浪屿。避暑洞是施士洁在鼓浪屿排遣愁怀常去的地点，忧国忧民的施士洁据说还曾向仙人请教国家的命运和前途，避暑洞前方不远有一处景点，叫作"大脚印"，脚印尽头有个盛水石头盆。据说，这巨大的脚印，就是那个被施士洁请来的神仙留下的，神仙从鼓浪屿离开时，用石头盆洗了洗脚才飞走。避暑洞上那四个大字就是施士洁在仙人离去后书写的。

古避暑洞至今仍保持了原始的质朴和自然，抚今追昔，在这样的美景里，一定能让人追思感慨良多。

门票： 购买日光岩景区大门票，60元。

开放时间： 7：00—18：00。

交通导航： 从鹭江道中山路的轮渡站坐船到鼓浪屿码头，后步行十多分钟就能到达古避暑洞。在厦门轮渡码头坐船摆渡，单项收费8元。厦门站首航班5：45。鼓浪屿站航班 5：30 、6：00，7：00—19：00，每10分钟一班。21：00—0：20，约20分钟一班。

日光岩——与日争光英雄台

日光岩景区由日光岩和琴园两部分组成，景区内除了绝美的自然景观，还有一些人文的遗迹。日光岩海拔92.7米，是鼓浪屿最高峰。

　　鼓浪屿岛中部偏南，有座龙头山，山顶有两块大石头。一躺一立靠在一起，它们就是日光岩。日光岩旧名"晃岩"，许久之前就稳稳戳在龙头山上。大明朝日落西山之际，国家还惦记光复台湾，于是大将军郑成功驻扎到了厦门。这里的地界不大，四处走走逛逛，郑大将军就到了龙头山脚下。郑成功出生于日本，所以熟悉异域风光，他觉得这里的景色与江南完全不同，堪比日本的日光山。那漫山浓密的树叶，大蟒蛇似的盘山道，极有风情。将军又向老乡打听：山头巨石叫什么呀？答：叫"晃岩"。晃字拆开了念，不就是"日光"

从日光岩远眺厦门

远望日光岩

崖壁题字

嘛。这样子说来，日本的"日光"山和鼓浪屿"晃"岩，名字如此相似，真是巧合。不如就叫它"日光岩"如何？借着将军美意，往后日光岩叫开了，沿用至今。

日光岩上，日光跃三竿这是真的。每天清晨，新鲜的太阳光都会透过五老峰斜照过来，将岩顶照得又亮又暖。由东路上山，眼看着日光岩已经近在咫尺，想过去摸摸大石头，还不合适。到了这里，当然要先进庙门看看，因为这里，有一个著名的寺庙。这间寺庙，因日光岩而被改称为"日光岩寺"。"日光岩寺"始建于大明万历年间，经过几许风霜、多少变迁才到今朝。几百年来，寺中僧众一直守山。仰头对着山门里头那大岩石左看右看，但见"天风海涛""鼓浪洞天""鹭江第一"等名人题字，各个堪比斗大，可以想见，当年多少骚客文人对着日光岩大抒豪情。

"礼乐依冠第，文章孔孟家。南山开寿域，东海酿流霞。"有山有海有文章，这首气势磅礴的诗篇，正是郑成功将军留下的，并且就印在日光岩上。这首诗具体在哪儿呢？游客们可以自己去找找看，找寻也是旅游的乐趣之一呢。沿着蜿蜒崎岖的石头路，慢步行到山的北边，那里有个龙头山寨，就是郑成功当年的军营，营里有古枪有古炮，令人睹物思以往。

龙头山的山路尽管曲曲弯弯，可是它们彼此通连。大不了多绕一会，反正总有一条路能引游人上到山顶。登顶后，双手搭着凉棚，环视一圈方才发觉，全厦门已尽入眼底。

有人说"游厦门不游鼓浪屿就不算来厦门"，其实真正的说法应该是：游厦门不登日光岩就不算来厦门。如果站在日光岩上俯瞰，鼓浪屿就似一艘七彩小船，停泊于一片碧波之中，浮浮沉沉，波光粼粼。看到此情此景，谁不激情澎湃，流连忘返！

门票： 60元。

开放时间： 7：00—18：00。

交通导航： 从鹭江道中山路的轮渡站坐船到鼓浪屿码头，后步行十多分钟就能到达日光岩。

万石岩——猛虎和山花

万石岩位于厦门市区东南，由于千百万年风雨的侵蚀，山上怪石千姿百态。万石岩上的石头，一般不过四五米高，因此除少数称为峰以外，多称为石或岩。

　　万石岩的"万石"，数量不见得准确，但石头们姿态万千确凿无疑。因为山中植物大多不高，所以乍看起来，那些大大小小灰白色的石头，好像全是人

万石岩远景

为摆放似的。实际上，它们都被风雨雕琢成千上万年了，正是如此，才能形态各异，妙不可言：像人的，像物的，似鱼的，似兽的。等到爬上了山，记住要仔细观察前排的石头，因为其中有一块，会冲着游客"开口大笑"的。那就是很有名的"石笑"石，让人越看越想乐，把登山的辛苦全部抛到了一边。

在万石当中，有一座精巧的殿堂，唤做万石莲寺。

登上万石岩再在石群中仔细找找看的话，一定会发现有块长得像大象的石头，而且是一头举着鼻子向天喷水的大象。它叫作"象鼻峰"。这只"大象"跟前还有块石头，就是"锁云"石，临溪而立，看起来挺逍遥的。相传大清康熙年间，厦门有地方官员到万石岩视察。那天出现了奇怪的自然景观，祥云不去。难道云朵也留恋山中美景？于是这个官儿就题写了"锁云"二字，以抒赞叹。但是专家们研究了这段史料，发觉，那些云彩其实很无奈，它们是因为被附近高海拔的山峰阻挡了去路，想飞也飞不走。

百花争艳的厦门园林植物园，将它的多彩与缤纷，藏于万石岩的附近。园林植物园中，亭台相得益彰，水榭花堤美不胜收，松杉园、棕榈岛、玫瑰园、药用植物园、龙眼荔枝园、多肉植物园……二十余个主题苗圃，数千种热带、亚热带植物，令人眼花缭乱。

万石岩山上山下，遍野奇花中，有个字很难被掩盖："虎"。虎行路、虎溪岩、虎屿路、伏虎洞、虎仔山路、龙虎山路、龙虎南里、虎溪公园……让人奇怪的是，有东北虎、华南虎，从没听过"厦门虎"，这些路名是从何而来的呢？这是发生在民国年间的事。1925年年底，有农民到万石岩耕种，突然发现了一只不知道从哪里钻出来的"大猫"，对着他龇牙咧嘴一脸凶相。他马上去警察局汇报了情况。

谁知警局也正在发愁，因为他们门槛都快被踩坏了，全是因为老虎来的。不过，为了人民群众安危，他们只能硬着头皮向前。经过一番惊险的追击，在大刀长枪的围追阻截下，二百多斤的大老虎终于"伏诛"。很显然，老虎不可能束手就擒，所以警队与虎对峙的地方，留下了许多与虎有关的地名。死了的老虎，还被抬出去游街三日。警察打老虎，在当年警界特别轰动，圈内刊物特地登出一篇《殪虎记》，记下了这起事件。

万石岩，清晨时光最宜去的风景之地。清晨，阳光洒向万石岩，漫山遍野的奇花异木、寺庙殿宇、亭台水榭点缀其间，别有一番风趣。这里，花儿香，石头怪，路名奇，另外还有清澈的湖水，幽清的古庙……值得游人细细的玩味。

门票： 40元。

开放时间： 5：30—18：30。

交通导航： 市内乘坐17路、87路可到达。

梅海岭——便是艳极也寂寞

梅海岭也被称为市花园，位于思明区东坪山山脉中部。三角梅是厦门的市花，梅海岭一年四季满山遍野都开满各色各样的三角梅，因而闻名。

梅海岭是一座花园，满园种的全是三角梅。艳艳的樱桃色，憨厚的柠檬色，灿若云霞的紫，秋枫似的红……园中一万多棵主要植株，细分五十余个品种，无一例外都是三角梅。三角梅又被称为三叶梅、叶子花。这种植物，必是三片"花瓣"攒成一朵，中间滋出来的"蕊"美艳动人。细看它们，长长的干上头，顶一个大脑袋，就像是一株株仰着脸的小小向日葵。

厦门的水土能适宜三角梅，一年四季都能看到它的花儿。不过，三角梅的"花瓣"并非花瓣，"花蕊"也不是花蕊。它的"花瓣"，其实该叫作花托，而中间那细小的"蕊"，才是真正的花朵呢。这确实很少见，植物百科全书里，极少有花儿是这么长的。可是，有些人认为，三角梅是最聪明的花儿，因为它会取长补短。由于担心自己的花儿太小了，蜜蜂蝴蝶都不愿意来看，所以它才将花托放大再放大，还给涂上了绚丽的颜色。

"春季到来绿满窗，大姑娘窗下绣鸳鸯。"不论塞北江南，手巧的媳妇必定受欢迎。要是谁家姑娘做得一手好绣活，来撮合的媒婆肯定不少。传说很久以前，大约是唐末那时候，厦门岛因为交通便利，人口逐渐增多，做买卖的也多了不少。其中有个绣花的作坊生意很红火，男女老少每天都排着队登门。姑娘们做个被面枕套这好理解，可是，那些男人为什么也去凑热闹呢？原来，他们是来看绣花姑娘的。

绣坊的这位姑娘，不仅长得好，女红做得好，而且琴棋书画样样精通。那风姿，那才情，惹得岛上的公子秀才，着了魔似的朝思暮想。在那时，有爹妈疼的闺秀，多是大门不出二门不迈，哪里肯出来抛头露面呢？这个巧手的姑

花团锦簇的梅海岭

娘命很苦，没爹没娘，无依无靠，好在从小被一个绣花作坊收养，这才活了下来。姑娘叫梅子，自从小手能抓住绣花针的那天，就开始学手艺，长大后也就出来做活谋生了。

蝶恋花蜂戏蝶，心仪梅子姑娘的男子数不胜数。梅姑娘没想到，此刻门外有双眼睛正关注着自己。古人善借纸笔传情，过了没多久，爱慕者终于传来了话："日暮堂前花蕊娇，争拈小笔上床描。绣成安向春园里，引得黄莺下柳条。"仰慕者模仿意中人的口吻说，我绣的花儿惟妙惟肖，可以引得黄莺来啄，但是，寻来觅去，都难遇到真正懂我之人。把梅子的心绪全写出来了。只这一首诗，彻底将梅姑娘的心滋润了。可是她等了一天又一天，始终没见着人。

其实，前来献诗这位还挺有名的，不少现在的小学生都知道他。"蓬头稚子学垂纶，侧坐莓苔草映身。路人借问遥招手，怕得鱼惊不应人。"他就是这首《小儿垂钓》的作者胡令能。胡才子写给梅姑娘的那首诗，诗名叫《咏绣障》，全唐诗里就有收录。然而，送了诗寄了情，还没能和美人说句话，他就去了外地。因为，他得了病，且病得很重，尽管难耐相思之苦，但他更不想拖累心爱的姑娘。后来梅姑娘知道了，她说，无论如何也要找到心爱的诗人。据说，两人辗转终于碰面了，而且相伴一起，度过了最后时光……

送走了胡令能，梅姑娘再也没了下落。只是人们发现，厦门岛上突然冒出了一种新的花儿，三朵瓣儿的小花，它那姹紫嫣红的颜色出现在每个厦门人的视野里。人们豁然开朗，这种色彩斑斓的花朵，一定是梅姑娘的绣线，而故乡的大地，正是她寄托真挚情感的绣布。

梅海岭的由来，是有人为了纪念这个姑娘，还是敬仰那对遥远的恋人，甚至是造园的主人寄怀自己一段无法实现的恋情，现在已不得而知了。不过，游人到了梅海岭，望见眼前难以描述的奇花美景，心中一定会感受到美好的情感，并且说不定，脑海会涌现出更加美丽的故事。

门票：免费。

开放时间：全天开放。

交通导航：旅游2线、42路、113路，下车后步行约220米可到达。

金榜公园——青灯红颜两相好

金榜公园位于火车站西南，范围西起金榜山，东至梧村山，是开放式的公园。金榜公园是目前厦门市区面积最大的综合性文化公园。

　　厦门金榜山，民间戏称其"场老山"。所谓"场老"，是指那些半辈子奋战在考场上的读书人。清朝文学家吴敬梓曾著讽刺小说《儒林外史》，其中有段很著名的章节：《范进中举》。作者想说，这世间人，多多少少都有点势利眼，他们能看清十米外显露的钻石，却藐视了埋在脚底下的金砂。"老秀才"范进可算考中了举人，早先那些对他冷嘲热讽的人顷刻全换作一副笑脸，个个点头哈腰。岳父大人竟然拎着猪肠子为他庆贺！按现在讲法，在这次"复读考试"成功以前，范进活的这大半人生，净遭人白眼了。突然间备受优待，他还真不适应，最后，都给吓出了癔症。范进的故事被吴先生讲活了，以至于老范成了中国的名人，形象深深印入人心。然而，早在大唐朝时候，和年轻的"范进"同样失意的人，早就出现过，那个人叫作陈黯。

金榜山记

公园一景

　　大唐朝的陈黯，那是真正的才子。他十岁作诗，13岁就被慕名召见了。小神童陈黯，因为名气很大，地方官挺欣赏他，就想叫来看看。陈黯到了堂上，县令见到这个小不点，马上乐了，让他即兴发挥，先做首诗。小陈黯脱口而出："咏歌河阳花，向时豆新愈……"这是什么典故呢？古代的河阳就是今天的河南孟州，西晋时出了一位　"花样县令"潘安。潘安是史上著名的美男子，不仅人长得漂亮，而且对美化环境很热心。他驻孟州期间，满城栽花种草，也因而留下"河阳一县花"、"潘令花繁"等被后人传颂。

　　陈黯，小小年纪懂的不少，听得县令连连点头。于是他接了茬儿："藻才而花貌，胡不咏歌？"他并不是夸陈黯貌比潘安，面若桃花，相反，陈黯面见老爷的时候刚刚出过天花，疮痂未愈，脸上还坑坑洼洼的。

　　小孩心性不定，脸皮儿薄，如今被大人挤兑了，一般的孩子说不定会哇哇大哭。但这陈黯，面无异色，眨眨眼立刻回了首诗："玳瑁应难比，斑犀定不加。天嫌未端正，满面与妆花。"玳瑁是花龟壳儿，斑犀是犀牛角带花儿的，都是同类物种里样貌特殊的。经陈黯这么一解，玳瑁和斑犀的"花"和自己脸上的"花"一样，成了锦上添花的"花"。名不虚传！县令及在场人都大声喝彩。这之后，陈黯的才气更加被认可了。

　　天资聪颖外带勤奋刻苦，陈黯的学识突飞猛进。没过几年，他就参加了科考，想凭才学博取功名。然而，非常奇怪，年年考，就是不中。唐懿宗年间，陈黯回头一望，自己都考第18回了，同时也落地18回。算了算了，该是命中注定，我还是不较劲了吧。往后，干嘛去呢？退隐山林，钓鱼养花好了。归隐何处？厦门金榜山。陈先生还送自己一个雅号，"场老"意思是，这人与考场一起慢慢变老。

　　"金榜山在嘉禾廿三都，北有岭曰薛岭。岭之南唐文士陈黯公居焉；岭之北薛令之孙徙居于此。时号南陈北薛。黯公十八举不第，作书堂于上，人称曰：场老山。"——南宋朱熹《金榜山记》。朱熹曾为金榜山做记，还叙述了"金榜"和"场老"的渊源。

如今，沿着青葱山路爬上来，金榜山中还有"金榜钓矶"的遗址，就是当年陈黯垂钓处；那里有陈黯悬梁读书的天然石室；还有"逸仙楼"，是陈先生办学授徒之所。虽说金榜不认这位大才子，但陈黯却是乡亲们心目中的真"状元"，乡里家境较好的适龄儿童，都被送到逸仙楼来念书。

金榜山下另有一道亮丽的风景，就是紫竹林寺的女师父。身着黄衣紫袍，头上只有薄薄一层乌发，她们偶尔会与游人擦肩而过。定睛端详，那一张张面容，都是年轻姣好，只是早已不经意抹去了青春岁月特有的浮躁。始建于大明万历年间的紫竹林寺原名岩寺，现在改做了闽南佛学院的女众部，环境清幽怡人。而"古道春荫"则保留有明清时代的古道和台湾相思树，是今人怀古思旧的理想场所。

金榜公园处于人口稠密地带，所以每天入园晨练者甚多，外地游客也是纷至沓来。

门票：免费。

开放时间：全天开放。

交通导航：乘坐116路、127路、533路、952路、快1路等公交车，在金榜公园站下车。

白鹭洲公园——"笕笪渔火"对歌眠

白鹭洲公园分中央公园和西公园两部分，以游人回归自然作为主题思想，其中西公园是香港回归时建成的。公园中著名的笕笪夜色，是从古景"笕笪渔火"演变而来。

笕笪湖中央那片台地即是白鹭洲公园，园子总占地面积约十万平方米，其中可购物，可观景，但是最美不过"笕笪夜色"。笕笪，是一种薄皮空心儿大竹子，它喜欢傍水生长。据说南宋时候，朱熹来这里刚瞥一眼，"笕笪"两字不禁脱口而出，同行的人问了才知道，原来港口边上那片竹林，像极了朱熹家乡南平的风景。大才子金口玉言，所以往后"笕笪港"叫开了。

"牛家村畔水云乡，万吨烟波入夜凉；最爱月斜潮落后，满江渔火到笕笪。"很久以前，每当天色暗下来，一艘艘小渔船就会向笕笪港靠近，然后传来阵阵渔歌，忽闪忽闪的渔火，不多时就照亮了小小的港口。渔民们回来得这么晚，都是为了去远海打渔谋生。东北有个鳄鱼岛，文昌鱼非常多。鳄鱼岛形状奇特，扁扁的趴在海面上，尖头尖尾巴，活脱脱一条没睡醒的大鳄鱼。别瞧它貌不惊人，早年可是凶着呢。南宋时候，民间传说有条鳄鱼成了精，跑到厦门岛兴风作浪，见人就咬，见渔船就掀翻。偶尔还会化作美人，上街魅惑老实人。后来，朱熹到厦门为官，赶上鳄鱼精闹得正凶。妖精听说岛上来个文曲星，立马贼心骚动，想要会会朱熹。有些好心人劝朱先生得提防着，这鳄鱼精可是无恶不作，朱熹却丝毫不怵，照旧每天在岛上游走，摆出一副若无其事的样子。一天入夜时候，满大街没有了人影，执勤的衙役们还在夜巡，他们中的有些人之前见到过鳄鱼精，这时候想到它的样子，吓得直哆嗦。然而，朱先生手提灯笼，和他们走在一起，全没惧色。正在这时，一道白光忽地闪过。

朱熹早有准备，以迅雷不及掩耳之势操起早准备好的朱砂笔，举手就要扔。"先生不要，是我啊。"娇滴滴的问候之后，出现的是一张绝美的脸孔。朱熹怔了一怔，但马上反应了过来，这个美人，难道真能是美人吗？而朱熹，

白鹭洲公园的雕像

更不是《画皮》《小倩》里的文弱书生可比，他嗖的一声，辟邪的朱砂笔出手。唉哟！一声惨叫传来，血光迷人眼……次日一早，听闻消息的厦门岛百姓不约而同走出家门，集体去找那鳄鱼。可是前街后巷都翻遍了，也没找见那鳄鱼精。

后来有人发现了鳄鱼岛。鳄鱼精变成海岛了！喜讯传来，人们闻声都往东北方向奔跑。果不其然，昨日海面上还什么都没有，今天却无端多出一座凹凸不平的岛屿。走进前去察看，咦，哪来那么些小鱼啊？一个个透明的长条条，体长5厘米左右，脑袋尖尖，尾巴尖尖。既然是鱼，那就捞上来尝尝。不错不错，不仅鲜美而且少刺儿。可是"一夜徒生鱼"，不合常理。后来人们想通了，那是鳄鱼精贼心不死，再度幻化的身形。然而，世间再不容它作恶多端了，再加上朱熹的正气相压，鳄鱼精精气散尽，化为了无数小鱼。这种小鱼，就是文昌鱼，之所以叫文昌鱼，因为在民间看来，朱熹正乃掉落凡间的文昌帝君。一年一度农历二月初三，文昌帝君过寿，此时也是厦门海域文昌鱼大丰收的季节。为害世人的鳄鱼精，被朱熹点化后，反而成了人们口中的美味，实在妙哉。

鳄鱼岛因文昌鱼而出名，而白鹭洲畔白鹭飞，白鹭更是这里真正的明星。这些长脖子长腿白羽毛的漂亮鸟：有独自埋头逮鱼捞虾的；有两个挨着卿卿我我的；还有没学会飞的小毛头，羡慕地眺望着远远的蓝天……白鹭这种鸟儿，对于环境质量的要求极高，而白鹭洲水草肥美，又极少污染，自然是它们代代相栖的乐土。

筼筜湖旧名筼筜港，转港为湖，起因是一个多世纪前的填海囤地运动。厦门岛自来土地稀缺，虽说吃鱼不成问题，可是粮食总显不足。大清咸丰年间，筼筜港引起了朝廷关注。它临近陆地，若是填补一定量泥土进去，就可成为现成的良田，于是这个工程就开始了。百年之后，1970年代的"围海造田"运动使筼筜港完全与大海隔绝。

可是，人类对自然环境的改造不是总能一帆风顺的，筼筜湖自从没了活水，曾经污染相当严重：一时间沿岸高低错落，整片的红树林也消失了；十里地之内没有一只鸟敢落下；忽闪忽闪的筼筜渔火也消失了……

经过当地政府的整治和国家的支持保护，现在，这里的生态环境得到了恢复。短暂离开的白鹭鸟又重新回来了；夜色下，音乐喷泉溅起束束水花翩翩起舞；广场上，数百只荷兰鸽为游人带来无数欢乐。

门票： 免费。

开放时间： 全天开放。

交通导航： 乘坐公交15路、86路、87路、88路、506路可以到达。

英雄三岛——雄鸡报晓唤金门

推荐星级：★★★

英雄三岛即大嶝岛观光游览区，位于厦门市翔安区大嶝镇。到这里旅游的游客，可以饱览海岛渔村风光，眺望海峡、遥看台湾的金门岛，尽情地体验海岛风情。

　　大嶝、小嶝和角屿，合起来就是英雄三岛。它们与金门岛之间的距离，只有不到两千米，堪称全大陆离金门最近的地点。三岛的金鸡报晓，在金门也能听得见。大嶝岛约12平方公里，其中，角屿面积只有1/4平方公里，小嶝岛面积居中，接近一平方公里。如今三岛上大约生活着两万人口，境内树绿街美，安逸如桃园。三岛被称作"英雄岛"，曾经付出了惨痛的代价。

　　那是1958年的"八二三"炮战。当时，国民党的主要部队已经全面溃退，据守台湾岛了。本着两岸和平统一的原则，人民解放军抵达了大嶝三岛，当地老百姓见到了胜似亲人的解放军，非常热情。战士们修碉堡，挖隧道，建对台广播站，多亏了乡亲们鼎力帮助。1958年8月23日傍晚6时30分，一场激烈炮战打响了，短短两分钟，4万余发炮弹落地，当地居民至今还记得当年的情景。

　　英雄三岛与金门之间海面上，趴着一块大礁石。远看那白白净净大石头很可爱，还有人用"玉兔伏波"形容它。近看可吓一跳，整个形同超大的"蜂窝煤"。它就是顶着"八二三"枪林弹雨过来的，光看这个礁岛就可以想见当时战斗的激烈。说起这"玉兔"，倒是还有位皇帝见过它，南宋小皇帝赵昺。他可不是来看海景，那是被元朝给逼的，不得不到海上寻找生机了。

　　瘦死的骆驼比马大。南宋在最末的关头，还组织了一支千舟船队、十几万人马。以幼帝赵昺为"龙头"，杨太后，还有陆秀夫、张世杰等文武将领，做着光复大宋的准备，在广州—福建沿海一带漂着。然而，这趟行程远不如他们想象的顺利，晕船的晕船，想家的想家，越走越遭罪。加上元朝那些"讨命鬼"步步紧逼，况且自身目标太大，容易暴露，必须轻舟简行了。除了必需的物资，其他都舍弃了，其中不乏一些很有价值的宝贝，丢在哪里了呢？就是"玉兔伏波"这个地方。因此，这个大礁别名"皇帝石"。

1278年6月间，南宋船队抵达江门崖山，打算就地扎营。不巧，突降暴雨，连小皇帝龙袍都湿了。海边的天气，比小孩翻脸还快。没多会儿，艳阳又出来了，宫女赶紧将龙袍挂起来晾晒。待到收拾妥当，晒干的衣服也收了回来，杨太后见到收回来的龙袍，眼泪儿一下子收不住了：龙袍上的龙不见了。这真是不祥之兆，杨太后心里隐隐约约有了些悲凉的预感。

公元1279年3月19日，元宋崖山海战于广东江门爆发，大元朝决定下狠手了。大炮长枪激烈交火，这是南宋军队的最后一战。对于南宋来讲，崖山海战之失利，意味着永远的国破家亡。南宋末帝赵昺，当年不过是个八岁的小孩，虽说还不懂亡国之悲，但他也知道，最后的时候到来了。陆秀夫满脸泪水，最后望了赵昺一眼，背起这南宋皇家正统的最后血脉，君臣二人投入了滚滚的波涛中。

小小的英雄三岛，面积不大，也有不少故事，不少游人追寻着历史的足迹上岛来。首先走进英雄岛战地观光园："军事武器陈列馆""英雄雕塑广场""战地设施遗迹"，统统走一遭。看完这些，可以换个心情了，现在的英雄三岛比起著名的景点一点不差，除了休闲娱乐和壮美的风光，海边的石斑鱼、黄花鱼、扇贝、大龙虾等，一定让到来的游人不虚此行。如果够运气，在晴天的傍晚时分，说不定还能在这里看到白海豚，欢快的跃出海面。

门票： 大嶝岛战地观光园40元，其他不收门票。

开放时间： 8：00—18：00。

交通导航： 沙雕公园、马拉松比赛路线、五缘大桥。

天竺山——出宫游龙山间盘

推荐星级：★★★

厦门天竺山森林公园被称为"厦门的后花园"。园内有人文景观60余处，最著名的是建于宋朝的石水塔以及真寂寺等。

　　厦门西郊偏北的天竺山，现已开发成为一座大型森林公园。该园区地阔2 666.7万平方米，森林覆盖率接近97%，有很多红褐色树干的马尾松，蔚为天竺山一大景观。浴龙池、浴龙桥、皇帝井、皇帝拴马石……天竺山有许多"龙迹"。这条龙是唐宣宗李忱，唐朝第18位皇帝，如果算上武后，宣宗排19。当年，他不是来游山玩水的，因为差点被亲戚们置于死地，所以他躲到山里来避难。

　　天竺山古来林海蔽日，适宜避暑游猎等休闲活动。唐玄宗开元年间，皇帝打算到山里修座庙，也好补充点仙气进来。庙建成后取名义安寺。时隔一百多年之后，已是唐穆宗李恒任上，当时朝廷很混乱。李恒的大哥叫李宁，二哥叫李恽，他排行第三，本来立太子当皇帝的机会很渺茫。但是，李恒有个很厉害的母亲，郭皇妃。郭皇妃的爷爷，即李恒的太姥爷，大名郭子仪。当初郭氏这一支辅佐大唐皇帝定叛乱、稳江山，立下了汗马功劳。靠着郭皇妃的种种活动，李恒于公元812年被立为太子，并于820年顺利登基。照说他应当好好珍惜，可他却是吃喝玩乐的主儿，最后炼丹吃药赔上了性命，29岁去世，他总共只当了四年皇帝。穆宗一朝没种下太深的人脉，可想而知，后头不乱才怪呢。

　　皇帝走了，首要任务是补缺儿。太子李湛即位，是为唐敬宗。然而，唐敬宗仅仅登基两年便遇害了。史传他三更半夜出门猎狐狸，回来之后大吃大喝，在宫里醉得不省人事。正巧，两个平日就恨他的宦官，趁机将他活活掐死了。这个皇帝走得太突然，只有18岁。太监能谋害皇帝，可见那时的宦官已经嚣张到了一定程度。

后一个是唐文宗李涵，即敬宗的二弟，可惜，他又是被宦官推举上来的。他还好，做了14年皇帝，然而这期间，佞臣当道，唐文宗一点实权都没有，所以后人常推测李涵是得抑郁症死的。唐文宗跟他大哥感情很好，所以活着时候一心想立敬宗之子为太子，但没能实现。接班的是唐武宗，唐敬宗的五弟。如此算来，唐穆宗的身后竟然有三个儿子当过皇帝。

武宗死后就是唐宣宗李忱了，他初封光王，后来以皇叔的身份由宦官马元贽等所立。他在位13年，综观宣宗50年的人生，他曾经为祖宗的基业做过不懈地努力，这无疑延缓了唐帝国走向衰败的脚步，但是他无法彻底扭转这一趋势。宣宗明察沉断，从谏如流，恭谨节俭，惠爱民物，所以后来的人对他评价颇高，说他中兴唐朝，谓之小太宗。

李忱是武宗的13叔，就是唐宪宗的第13皇子，穆宗的13弟。害人之心不可有，防人之心不可无。当年武宗登基后，回想家里那些事儿，生怕明天就遭了不测。谁对自己威胁最大呢？自然是辈分高过自己的叔叔李忱。李忱成了皇帝的眼中钉，处境日益危险。不久，李忱就离开了长安，去了南方，最后到了厦门天竺山。

玄宗修的那座义安寺，寺的规模不小，经营得也挺好。皇叔李忱打算就此隐姓埋名，乐得做个逍遥世外人，没想到天竺山就出事儿了。抵寺那天，满院寺僧夹道欢迎，跪地三呼"万岁"！谁是"万岁"呀，万岁在长安朝堂上呢。受人抬举并非都是好兆头，今天的事情如果传下山去，自己的行踪就泄露了，那不是等着侄子来追吗？

李忱立马示意众僧退下，他非常疑惑，于是留下住持询问：你们怎么知道我要来呢？住持：回皇……不，回夫人，昨夜有佛给我们托梦了。哪尊佛嘴这么快呀？住持伸手一指，就是他。李忱又好气又好笑，让僧众把佛像掉了个方向，从此，这尊"多事佛"就面朝西边，再也不多嘴了。

一晃好多年过去了，13叔李忱过得还算太平。无心插柳柳成荫，朝中唐武宗突然病重了，随后大太监马元贽呼天抢地就跑到了天竺山，原来，马太监一直很看好13叔，一定要拥立他为新皇帝。恭敬不如从命。一朝重返长安城，李忱成了唐宣宗。曾经保护过皇帝的义安寺改名了，此后叫作真寂寺。

天竺山最为令人神往的不外乎"天竺云海"，每当雨过天晴时，空中朵朵白云盘旋于半山腰，慢慢舒展弥漫，顷刻间汇成波涛汹涌的海洋，足有"水漫金山"之势。东西侧壁上碥道为人工凿成，人称"阎王碥"。西侧碥上嵌有坚固的铁索，险峻之处架有独木桥。两壁对峙，大有一夫当道，万夫莫开之势。

"未到天竺山，先望天柱峰"，天柱峰海拔约有933米，是这些山中最高的一座峰。巡游山间，嗅着淡淡山花香，游人可以去找找：金玉相间的高贵竹子；黄檗禅师修行的仙人洞；还有那天竺湖、仙娥湖、两二湖、皓月湖；以及仙桃石、八仙桌；这里的遗迹、人文景点，俯拾即是。

门票：30元。

开放时间：8：30—17：30。

交通导航：乘坐806路、814路公交车可以到达。

狐尾山公园——金狐尾在哪里

狐尾山公园位于厦门市区，园内绿树成阴，风景秀丽，厦门市气象局就坐落在公园内。气象局标志性的建筑"东方明珠"，已成为厦门的一个地标式建筑。

　　狐尾山主峰海拔139米有余，山势微斜，大体呈东北到西南的倾斜。郁郁葱葱的狐尾山，远望群峰相连。那些大大小小的山头就是：凤凰山、大埔山、象鼻山、官任山、五坑山、覆鼎山、七星山、观音山和凤车尾山等，总共有九座。

　　草绿花儿香，空气清新，这是很多山峰的共同特性。不过，爬一回狐尾山，收获也许超过了单纯游览风光、锻炼身体的目的。还有什么呢？原来，狐尾山有"万国气象"，那就是气象主题公园。当年，在狐尾山气象公园落成之前，中国只有气象台，没有气象公园。二者的区别是，气象台是工作单位，不允许游人入内参观，而气象公园却欢迎各界人士前来游玩参观。

　　如果想知道：如何给海中航船导航；如何预报台风、大雾等异常天气；如何预报森林火险；如何利用气象信息为建筑、水利、电力等各行各业服务，这

狐尾山南门

狐尾山的标志性建筑

里应该会让你满意的得到答案。站在山顶那座喇叭造型的气象大厅中，俯瞰着海中大游轮、海上高低纷飞的海鸥，让人神思悠远，而在这里，你还可以了解到美国现在的天气，日本的气象常识等。

踏着石板小径，摸摸道旁精灵可爱的石雕小象，也许游人会想到，这座山为什么叫"狐尾山"呢？传说当年有个很善良的猎人，他会放走正在哺乳期的母狼，也不去捕那些与世无争的小鹿。有一年冬天的时候，因为储备的食物不够，他实在有些熬不下去了，决心去附近的山上碰碰运气。可这大冬天的，哪里有猎物呢，连飞鸟都没了踪影。正在他满心失望的蹒跚回走时，突然，他看到路边的大树旁有一只狐狸尾巴，他觉得很奇怪，就捡了回去。谁知，第二天他起床一看，狐狸尾巴还在，但是竟然变成了一只金色尾巴。他后来想想，也许是曾经被他放掉的一只狐狸来报恩吧。这个消息不胫而走，许多人都到"狐尾山"来，想碰碰运气，然而，再也没人能捡到金子的狐狸尾巴。好运或者奇迹，一定还是为努力善良的人准备的吧？带着这个传说，来狐尾山的游客，说不定也能遇到什么好运气呢。

门票： 免费。

开放时间： 8：30—16：30。

交通导航： 乘坐32路、36路、40路、93路、99路、309路，在长青路口下。

北辰山——五代有个闽国王

北辰山是厦门十二道著名风景之一。北辰山人文古迹众多，自然景观优美，因为"开闽第一"的王审知，更多为人们所熟知。

北辰山漫山遍野都是花岗岩，所以也叫作北山岩。12平方千米的景区内，十二龙潭瀑布、仙姑洞、广利庙，栩栩如生的"过海八仙"，堪称移步换景。

景点入口

登上了北山岩，一定要去拜望一位老前辈：唐末闽王王审知。山间那广利庙，任何天气都是熙熙攘攘，慕名而来的游客，都是冲他老人家来的。"先有北山，后有同安"，这话是说，北辰山的开发比同安区要早，而王审知就是 "开山老祖"。五代十国时期，王审知被后梁朱温封为"闽王"，领今日同安地区。后梁都在开封，离闽地很远，如果闽王有异心，大可占山为王。但实际上，王审知将心思全花在了当地的民生上面，爱百姓胜过爱自己。

王审知老家在河南固始，他是家中老三，上有两位兄长王潮和王审邽。这家子几辈人都靠务农为生，唯独王潮在县城寻了个公差。唐末到五代那段时间民不聊生。恶人当道，善人只好忍气吞声。好在王家三兄弟，光看外表，个个五大三粗，一般人不敢来硬的。但他们从不欺善，反是扶危济贫，三兄弟在方圆百里都有很好的名声。

大唐朝不成了，各地农民起义星火燎原。商贩黄巢舍弃了卖盐的买卖，率众打进了长安城。安徽寿州屠夫王绪的队伍也挺有名。王绪凭着一股子狠劲，中原占光州，福建占漳州，来势凶猛。打到河南时，王绪听说了王潮三兄弟的事迹之后，想委任王潮为军校。对王绪这个人，王审知兄弟并不了解，可是别无他选。乱世里，人命如草芥，如果不找个组织投奔，也确实难以立足。

王绪其实并没多大实力，他认识到自己兵力有限，突然想到了"傍大树"。这个大树就是河南上蔡的秦宗权。秦宗权可不是什么善主儿，出了名的凶恶狠毒。但开始双方本着互惠互利的原则，"秦王"的组合勾搭了一段时日。后来，因为意见高度不合，王绪抽身出来，就此撤离中原。下一步打算好了，数万大军齐奔闽南去。紧接着问题就来了，由于王绪部队中的人多来自河南当地，远离家乡让很多人产生不满的情绪，舍不得爹娘也舍不下家，最后只能拖家带口。王绪是卖猪肉的出身，所以他不跟谁比智慧，做事凭勇气、靠感觉。决定出发之后，王绪领着浩浩荡荡一群人往南走，越走越觉得不对劲。咦，老的老小的小，还跟我要吃要喝，凭什么呢。不成，老的小的都得淘汰。消息传出来，"军人"们大眼瞪小眼，个个敢怒不敢言。人群中包括王审知三兄弟，还有王家老娘。军队里军心开始动摇了，看到这情况，王绪来了脾气，必须按他说的办。结果，没多久就有人起来造反，把王绪解决了，大家伙都觉得解恨。然而，群龙无首，谁领头呢？众人一致推举王潮，王潮智勇双全，孝字当先，这回又在除掉王绪的行动中立了大功，这都是有目共睹的。

之后的一路上，王潮果然不负众望，他一方面以身作则，同时严整军纪。其军队所到之处，无不受到当地百姓拥戴。这样没过多久，王潮义军声名远播了。哪知，到了泉州地面，他们被大批人马拦下了，想把他们收编，不能收编就剿灭。原来是地方上的恶霸，刺史廖彦若。

泉州港交通海陆，古时就比较富裕。刺史廖彦若借职务之便，欺男霸女搜刮地皮，已经不是一年两年了。王潮兄弟击退了廖彦若的部队之后，感到这里民怨沸腾，于是很快将泉州城包围了。这仗太不好打了，廖彦若熟悉泉州地理，外带兵多粮足。然而，王潮有百姓相帮，所谓"得道者多助"，经过一年多持久战，到底拼死除掉了廖彦若。其后，王氏军队一举收编泉州军，王潮出任泉州刺史。

就任之后，王潮立刻实施了减免赋税等惠民举措，极大赢取了民心。朝廷驻福建的观察使陈岩，十分欣赏王潮。正常情况下，陈岩致仕（退休）之后，其子辈可以沿袭父亲职务，可是陈岩信不着家里那几位公子，他希望王潮可以接自己的班。他的折子递了上去，唐昭宗批了，于是，王潮起身奔赴福州。怎奈他还没到福州，陈岩已经不堪病体驾鹤西去。结果，福州的情况立马发生了变化，范晖，这个陈岩的小舅子，近水楼台先得月，转眼就把持了福建军政大权。

没过多久，离福州较近的王审知带先头部队，王氏军队对范晖开始了进攻。攻打福州远比泉州一役更为艰难，王审知支撑不住了，侧身向王潮求援。王潮回信道："兵尽添兵，将尽添将，兵将俱尽，吾当自来。"意思说缺啥补啥，我这边编制好军队立马就到。等到王潮大军来了之后，战情立即发生了逆转。大约又过了一年，福州城开门迎王潮。范晖呢？他冷了民心，最后栽到了自己部将手里。

北辰山风光

　　早先的若干年里，一直是大哥王潮站在前台。而打下福州之后，王审知的才能和仁爱得到了人们的认可，跟着声名鹊起了。因为爱骑白马，人送雅号"白马三郎"。王潮入城后立刻礼葬伯乐陈岩，同时将自己的女儿嫁与陈岩之子，两家结了姻亲。王潮的美名众人皆知，在福州也是人心所向，此时王潮已经控制了福建大部分地区，唐昭宗审时度势，将福建观察使的职位授予王潮。王审知也顺理成章地给大哥当副使了，而他依然保持了一贯风格，依旧谦虚低调，诚恳听从大哥的教导。

　　王潮去世前，指定王审知接任福建观察使。王审知看看二哥王审邽：长幼有序，二哥还是您来吧。老二也不是市侩人：三弟，任人唯贤，不论大小，还是你来。两人争了几次，最后还是由王审知继任。不久，朝廷于福州组建威武军，王审知出任节度使，后封琅邪郡王，整体实力稳步提升。

公元907年，梁王朱全忠建立后梁，都开封。此举标志着大唐帝国的正式瓦解，同时五代十国开启序幕。朱全忠敕封王审知为闽王，他想要讨好王审知。其实，如果王审知真的想反，朱全忠确实也没办法，但打来打去，最后受罪的还是老百姓。深知百姓疾苦的王审知，甘愿对朱全忠客客气气，每年还顶风冒雪的去朝贡。一晃过了十六七年，东南闽王与后梁王朝相安无事。

然后李存勖来了，灭后梁建后唐。王审知一如既往，对后唐也恭恭敬敬。王审知治理福建30年，期间一直行使温和外交策略，步步以退为进。这样一来，福建的一方百姓在数十年的乱世中未遭兵燹，实属难得。王审知知人善任，重视人才培养。他一手栽培了侄子王延彬，王延彬人称"招宝侍郎"，叔侄二人将泉州治理得城富民安。在生活方面，闽王可"小气"了，有客人去他家拜访，发现他竟然穿着补丁裤子。可惜，王审知的几个儿子没一个能继承勤俭节约的优良传统。

福建人民由衷爱戴闽王王审知，朝廷也乐意推举他为榜样。北辰山广利庙额前那块立着的匾，上书："八闽岳祖"四大金字，是宋太祖赵匡胤御赐的，除此之外，和王审知相关的事物有很多，游客可以细细品赏。福建人爱戴王审知，因为他心里面自始至终，装的不是名利功禄，只有老百姓。每年农历二月十二，北辰山人山人海，如果是喜欢热闹的游客，一定要来看一看，因为这日是"闽王"成仙之日。往前往后各推五日，庙会一直持续，搭台唱戏，震天的爆竹响，纪念那千年前的闽王。心系百姓，自然会被长久铭记。

门票： 30元。

开放时间： 7：30—18：00。

交通导航： 乘坐602路、658路、659路、840路公交可到。

厦门海底世界——大鱼小鱼悠哉游

厦门海底世界原来是鼓浪屿公园，坐落在鼓浪屿东岸黄家渡，紧靠轮渡码头。厦门的气候四季比较温和，而厦门海底世界又是室内的活动场所，只要时间允许，游客基本不会受季节因素的影响。

厦门海底世界位于鼓浪屿东沿上，总占地17公顷有余。1998年1月正式对公众开放，园内现在有鱼类350多种，1万多条大鱼小鱼。那竖着游泳的海马；大嘴巴、灰黄花纹的巨型石斑；与珊瑚一起跳舞、肤色光鲜多变的苏眉鱼；含有剧毒、满身带刺儿的石头鱼；像只巨大泥鳅般的花鳗鲡；令人闻之色变的食人鱼；一旦遇到威胁、立即像气球那样膨胀的刺豚，来自世界各地的海水鱼，淡水鱼，奇形怪状的鱼，应有尽有。

厦门海底世界

海底世界的鱼儿

　　如果体验被鲨鱼追命的刺激，就一定要钻进海底隧道。80米长，150厘米宽的窄小通道里，待到钻进去之后，满眼皆是鱼。大鲨鱼每次一头扎过来，前面的成群小鱼总被追得惊慌失措。游客在这里不用担心，玻璃罩子很结实，任凭鲨鱼力气再大也冲不出来。每天下午固定时间，饲养员会潜水来喂鱼，小家伙们立即亲昵地蜂拥而来，一幅人与动物和谐的景象。

　　厦门海底世界又是科普大课堂。有名的"龙涎香"听过吗？它的味道有如麝香，有时随海浪漂浮而来，入药可行气活血，价值堪比牛黄。当初渔民在海边发现它，发觉它质地极坚硬，闻了之后大吃一惊。不仅是因为微香，它的腥气也非常重，这个渔民随手把它扔到了一边。哪知不多日之后，"怪物"变香了，三里之外都能闻见。渔民们纷纷猜测，这一定是海中神龙的口水化成的！于是，地方官员给它取名"龙涎香"，带着它进宫献宝去了。九天深海，龙窕竟在哪里呢？恐怕终究是传说吧，那么，"龙涎香"又来自何处？人们终于发现，原来和大脑袋方鼻头的抹香鲸有关。抹香鲸，号称带牙的鲸鱼中体型最大的品种，力大无比。在一次殊死搏斗中，抹香鲸与巨乌贼毫不相让。大乌贼虽是无脊椎动物中的巨无霸，但遇到抹香鲸时只能甘拜下风，最终被抹香鲸吞进肚子。乌贼一身全是肉，唯独那嘴巴是硬的，以至于抹香鲸的胃也消化不了。那张乌贼嘴在鲸鱼肚子里经过复杂的变化，最终形成了"龙涎香"。

厦门海底世界也有一头"抹香鲸"。这个大块头，体长18.6米，重46吨，至今，国内同类的鲸还没有超过它的，但是它再不会动了。2000年3月11日，一头可怜的大抹香鲸遇难了，随后在厦门海域被渔民发现给捞了上来。为了让游人更好认识这个物种，厦门海底世界将抹香鲸遗骸接收过来，费了大劲才制作成两副标本，将表皮和骨架分开展示。

企鹅是这里的明星，每天都要和无数喜爱它的观众打招呼；海豚更不用说，许多人来这里主要就是看它；海狮的表演挺滑稽，现在越来越受欢迎……这里海洋动物的表演越来越丰富，到厦门的游客，一定要来海底世界转一转。

门票： 90元。

开放时间： 冬季：8：00—18：00；夏季：8：00—18：30。

交通导航： 从厦门轮渡站搭乘渡轮，进入鼓浪屿风景区即可。

半山土地公—— 一朝天子一朝"爷"

推荐星级：★★★

厦门仙岳山土地公宫，始建于宋，由塘边社和四周百姓所立。明正德年间重修。2006年冬，海峡两岸及海外信众共同捐资，重建该庙，历时两年落成。该庙集闽南优秀传统建筑工艺与根雕、彩绘、木雕等国家级非物质文化遗产之大成，文彩万千。

　　仙岳山土地公宫，俗称"半山土地公宫"，因为它建在了仙岳山半山腰。土地神官称"福德正神"，小名"土地公""土地老儿""土地爷"。土地爷大小是个官，不过按实说的话，这位爷真是官不大。尽管如此，人们都挺爱戴他。诸如大龄青年找不着媳妇儿、家里孩子不听话，大事小情，附近民众都爱找土地爷去拜一拜。

土地庙内的浮雕

　　土地爷到底是谁，他姓甚名甚？这件事还真不好说，因为改弦更张多少回了。西周时候说土地爷是"张福德"，一位憨厚的先生，极有度量，受多大委屈都自己扛着。三国时又立"蒋子文"了，这是位战死沙场的名将。唐代更神乎，追认一代大文豪韩愈为土地爷。

　　仙岳山原本太太平平，老百姓日子过得挺好。可是大明朝正德年间，麻烦大了，这天不知哪儿冒出一只恶虎，见谁扑谁。本来，这海岛又不是深山，不该有虎啊？乡亲们集思广益，终于分析出来了，指不定是哪尊神兽下凡，并非真虎。虽然暂时没有危害，还是请哪位神仙给通报一声，让天上赶紧给收回去。商定之后，人们火速去向土地爷诉说原委。上山一看才发觉，土地庙年久失修，看似就要塌了。安身之处破成了这幅模样，土地公还不离开此地，另寻地方遮风避雨呀。既然找到原因，人们赶紧着手修庙。果不其然，新庙落成

仙岳山土地公宫

庙内建筑侧影

庙内香火旺盛

之日，大老虎腾云而去。太神了，庇护这里的土地爷又回来了。老百姓奔走相告，仙岳山土地庙人气大涨。

街坊们信"神"，无非是柴米油盐那点事儿；皇上敬"神"，那为的是家国大业。这一朝仙岳山土地庙出了名，朝廷也给予了关注，时不时拨点经费修补。这么多年之后，到今天为止，全中国最盛大的土地庙就是它。

关于仙岳山土地庙，还有很多传说。

上至西周，中到汉唐，跨越历朝历代。北宋赫赫有名的杨家将，到杨宗保已是第三代了。杨宗保为军国大事操劳，在他的守卫下，大辽眼巴巴等了好几十年，也未能踏上中原大地。后来，在战场积劳成疾，病重不治。杨宗保去世时后，其子杨文广执掌杨家将帅旗。将门虎子，仍令敌人闻风丧胆。然而，此时时局有变，还有比抗辽更严重的案子，宋仁宗赵祯年间，闽粤一带有人聚众反了，咬牙切齿就要"倒宋"。于是仁宗派杨文广去平定南方的叛乱。

接旨后，杨文广没多久就动身了。到那里一看，瘴气太重了，将士们倒的倒病的病，杨文广也没能幸免。部队行进中路过鼓浪屿，传说部将上山去帮杨文广求签。土地爷的签诗说："投神告佛想难医，疾病缠身有许时。喜得平安痊愈日，春风桃李又生枝。"看到这里，他听土地爷的，先养好身体，让部队歇歇再说。果不其然，歇息了一段时间，恢复了战斗力的杨家军队勇猛无敌。胜利之后，杨文广特意率部下去土地庙祭拜。

仙岳山土地庙，金碧辉煌，无处不在的石雕、木雕，工艺相当精美。文曲星、财神爷、送子娘娘，各路仙君是披金挂银。

门票：免费。

开放时间：全天开放。

交通导航：乘坐4路、9路、11路、25路、116路等公交车，在仙岳山站下车。

园博苑——虾兵蟹将搬了家

厦门园博苑位于爱国华侨陈嘉庚先生的故乡——集美中洲岛。园博苑由九个岛屿和两个半岛组成，其口水域面积占了全园面积的一半以上，是全世界独一无二的水上大观园。

推荐星级：★ ★ ★

2007年，厦门市承办第六届中国国际花卉博览会，然后留下了一座永久的园博苑。园博苑以半岛、岛屿的形式进行总体布局，最大限度地保持自然生态景观。自从办过"花博会"，几个城市都添置了园博园，比如重庆园博园、广州园博园、南京园博园、上海园博园等。南有园博园，北有园博园，它们风光各不相同。厦门园博苑最大特色则是，大岛连着小岛，好似为集美的海湾造就了一串珍珠项链。

厦门园林博览苑石碑

　　修建城市公园，总归是利国利民的善举。当初为了建成高水平、高标准的厦门园博苑，厦门市政府有关部门没少投入精力。2004年年末，园博苑征地拆迁工作开始之前，市政部门经过规划，结论是：即使不算水域面积，光是陆地面积就至少需要征用近560万平方米。放眼一看，它的东面到了杏林湾水库，西至杏林村，南到集杏海堤，北至杏北路。这让人不禁想到了之前杭州修建西湖公园时，遇到的问题：西湖附近的居民，对公园修建而带来的征地有极大的抵触情绪，因为那里，毕竟是祖辈多少年生活的地方，不是那么容易说离开就离开的。但是，自从知道了西湖公园将对包括外地游客在内的所有人免费开放时，一些居民开始积极地配合征地，并且努力劝说老邻居。这使得征地工作很快就顺利结束。那些牺牲小我，愿意造福游人的西湖老居民，多么值得尊敬！园博苑的征地也遇到了类似的问题，但是当杏北路附近的居民了解到，园博苑建成后将以极低的门票向游人开放时，马上积极配合相关部门。尽管如此，那片区域的地理环境还是太特殊了，其中还涉及养虾的水塘，养鳗鱼的池子……征用及补偿手续复杂程度前所未有。

　　2007年9月，厦门园博苑正式对公众开放。粉墙灰瓦，轩榭亭台，江南风光，塞北气象，民族的，世界的，从特色植物到经典建筑物，在这广阔的区域内展现得淋漓尽致。来这里必定能让游客一饱眼福，大呼过瘾。

门票：60元。

开放时间：7：00—22：00。

交通导航：音乐喷泉、杏林阁、江南园、岭南园、民族风情园、国际园、闽台园等。

海沧野生动物园——当心白虎拦路

厦门海沧野生动物园位于海沧台商投资区角嵩路东段。园中景色秀美，依山傍海。海沧野生动物园是为数不多的海边动物园，也是福建目前唯一的野生动物园。

海沧野生动物园，总占地约18万平方米，有25个足球场那么大。这里既能够饲养动物，培训动物，繁殖珍稀动物，也能进行相关科研课题研究，另外还提供宠物看管服务。

动物园的猩猩急了，不摇大树拍窗户，它相邻不远的老虎，却不怎么发脾气，大狗熊为了讨口吃的，总对游人摆出一副谄媚的姿态；动物园让秃鹫不再羡慕蓝天，使东北虎顿顿吃饱饭，还帮熊猫妈妈养活双胞胎；另外还有"外国客人"：一脸狰狞的美国鳄鱼，会变成球的非洲大蜥蜴……虽说也有动物保护人士叹息，动物园的动物都失去纯真本性了。但大多数人还是爱去看动物，瞅见它们就觉得从头到脚都放松。

大自然是动物们最惬意的家园，可是现在生态环境恶化了，人们不得不出手救救它们。为了不让动物的本能在人工环境中太过退化，人类又为动物们建了野生动物园，让这些原属于自然的精灵们尽情享受撒欢儿的乐趣。海沧野生动物园总共请来一百余种二千多"位"大小家伙们。野生动物园背山面海，自然景观相当优越。另外，这儿距离市区也不算远，来一趟并不花多少时间。

其实，在中国的古代就有野生动物园。据《诗经·大雅》记载，中国早在周文王时期，就在酆京（现在西安的沣水）兴建了灵台、灵沼，"台"在那时，同现在的"园林"意思差不多，"灵台"就是有许多生灵的自然园林。那是世界上最早由人工兴建的自然动物园。当然，最有名的还属汉武帝刘彻在长安附近所建的上林苑，那里除了可以当作动物园观看，还有狩猎、度假等多种

园里惬意的斑马母子

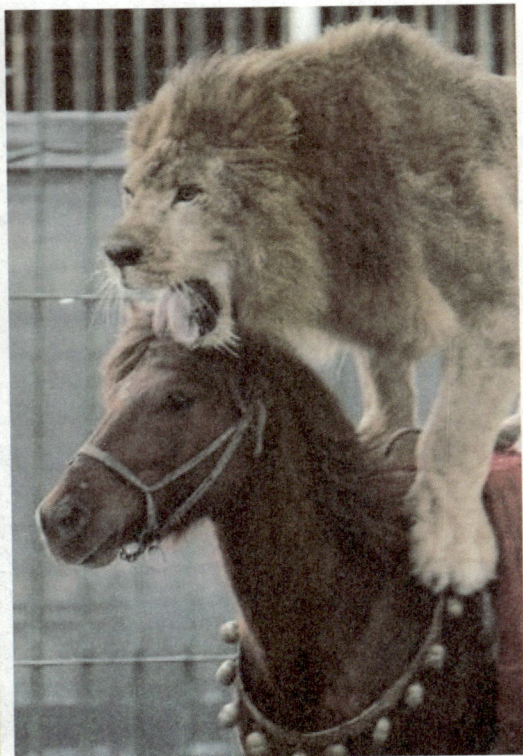

园内雄狮骑马的表演

用途，比把动物关入笼子中让游客被动地欣赏更加人性化，刨去狩猎这一层不说，上林苑的形态就同现在的野生动物园差不多了，不过规模要更大许多，更像是国家公园。在秦汉之后，"野生动物园"的规模再也不如之前的宏大，这就像是后世再没有兵马俑类似浩大的工程一样，君王们满足私欲而又劳民伤财的巨大工程，最终是会堆积民怨的。封建帝王不愿失去养动物的这种乐趣，在各朝都有不同规模的苑囿，选择山丘茂林或水草丛生之地，设专人管理，放养禽兽，供戏乐狩猎。但后来，这些古代的动物园随着朝代的更替，还有战争，早已不复存在了，如今，走进海沧野生动物园，游览在动物的世界中，游客们可以遥想当年那种景象。

海沧野生动物园的动物演出相当精彩，雄狮骑马、羊狼相亲、黑熊骑自行车、大龟翻身……这些可能很多游客听也没听过吧。野生动物园最重要的游览项目是乘车游览。

游览的时候，千万得锁好自己的车门，别有渴望自由的冲动。看着身边闪过的黑白斑马；比职业拳击手还厉害的澳大利亚袋鼠；顶着超长犄角的蹬羚；此外还有：长腿长脖子的美洲大鸵鸟，据说它是目前地球上形体最大的鸟；壮壮的古巴大红鹳总那么恩爱，一夫一妻成双入对的；毛茸茸的南美海狮，身段儿肥的羞于挪动……还有那白老虎，可是世界上最珍稀的动物之一，全世界总共就二百多只活宝。游人乘坐在车上逛动物园时，正巧碰到它蹲在路中间瞄着，游客且慢，请停下车来，索性做个优美造型让它看个够好了。

门票： 40元。

开放时间： 8：30—17：30。

交通导航： 乘坐805路、846路、850路、892路公交车，商贸中心站下车；853路，石塘站下车。

火烧屿生态乐园——到底谁放的火

火烧屿坐落在厦门西海域，是海沧大桥西锚锭的所在地。岛上地质构造奇特，岩石色彩斑斓，而且有"海中见岛，岛中含湖"的独特地质景观。

　　火烧屿不远就是海沧大桥，它的周边有一些大大小小的海岛。诸如岛南的兔屿、猴屿、大屿、鼓浪屿；岛北的猫屿、镜台屿、宝珠屿等。这一带所有岛比个头，火烧屿最大。火烧屿南高北低，南北长东西短。若从空中俯瞰这个岛，它就像是一只企鹅摔了跟头，然后扁扁地趴在了海水里。火烧屿海岸线曲曲折折，沿岸还立着很多奇奇怪怪的石头。有黄地儿白纹理的"斑马石"；有黑白相间、花纹怒放的"菊花石"；有层层叠叠的云石等。它们样貌奇特，五彩斑斓。传说，那全是一场熊熊烈火烧出来的。

风光秀美的火烧屿

127

　　谁放的火呢？元朝蒙古军。当时元世祖忽必烈已经入主中原，南宋小朝廷虽然羸弱，却始终"红旗"不倒。一天看不到大一统，元军就要穷追猛打。可是南人对于自己"大宋子民"的身份，从来不曾质疑。随着元军不断南下，厦门海沧石塘村村民们决定集体大逃亡，逃往本岛西侧一座无名的孤岛。虽说遍岛除了荒草就是耗子，那也好于被元朝收编了，再说打渔钓虾也够大家吃活的。他们在那里住下来。没多少时日，元军的马蹄到了福建境内，勒令岛民即日搬迁。在遭到村民的拒绝后，元军决定放火烧岛。元人最擅长这套，当年他们攻下金中都时也是放火烧城。村民们只好不舍地离了岛。不少天过去，岛上最初的滔天火光终于化成了星星点点。有胆大的老百姓偷偷走近岛瞧了瞧，呀，变样了！岛上的石头都烧变形了，烧得奇形怪状，花花绿绿的。

　　不过也有人认为，只是一把火不至于把火烧屿的石头烤成那样。还有谁来过呢？是一群海盗，他们自毁田园。大清国初年的火烧屿，已经不是一片灰烬的凄凉荒岛了，岛民与外界交流甚少。岛外的渔民有的听说那岛上有神灵保佑，岛上的居民非常富庶，叫作"蛟龙卧岛"。这话儿一传十十传百，给这火烧屿蒙上了一层神秘色彩。

　　清朝政权一日日稳固，对国土的掌控力也随之加强。有天，朝廷派新官到厦门上任，这位老爷还没上岸就遭遇了抢劫，随船携带的物资一件也没剩下。真是胆大包天，这个官员火冒三丈，立即派人立案调查，最终查到火烧屿了，就是这些岛民干的。

　　哪有什么蛟龙卧岛，明明是匪患成灾，这些人平日不耕田不捕鱼，全靠抢东西过活。于是官员打了个报告，请朝廷派兵过来剿匪。眼看清军大部队冲火烧屿开过来了，信誓旦旦要抓几个匪首回北京，登岛之后才发现，人去岛空，清兵连个兔子都没找见。正在大部队疑惑不解的时候，突然有人发现起火了，这就是"蛟龙入海再回头"。原来，火烧屿那些人压根儿没走，他们就在附近水里潜伏。土匪和土匪也有不一样，封建社会落草为寇，那指不定是世道给逼的。土匪的头领想，宁可亲手烧掉火烧屿，也不让清兵占我家园。又是一场旷日大火。这场火灭了之后，火烧屿的石头更加奇怪了。

但也有专家说了，两把火不足以造就火烧屿那些神奇美丽的石头。应该是火山喷发造成的，石头的历史至少要上溯到有恐龙的侏罗纪时代，又经过多少个世纪复杂的物理变化，才成了今天的模样。

如今的火烧屿，早已恢复了自然生态，岛上有不少珍稀植物，比如：鱼刺样的蜈蚣蕨；能结紫色小浆果的桃娘，用它来酿酒最好不过。

火烧屿上还有一座有趣的亲亲动物园，它是华东地区第一座开放式动物园。走进这里，你可以亲身体验与孔雀、斑点狗、梅花鹿等动物的快乐交流，还能欣赏到小动物们精彩有趣的表演。岛上的曲水烧烤营、木屋山庄也是旅客假日前往的好地方。

来到厦门游玩的旅客，火烧屿生态园是一个不可不去的地方。留一点时间与屿上的动植物们一起感受大自然，千万不要错过这样的机会哦。

门票： 30元。

开放时间： 9：00—17：00。

交通导航： 乘坐公交12路、26路可以到达。

第 5 章

咖啡旅馆，慢时光里谈人生

花时间咖啡馆——家的味道与触感

花时间是鼓浪屿上一间很有特色的咖啡屋，主人是Air夫妇。店主曾写过一本书《迷失·鼓浪屿》，这本书吸引了无数的游客来到厦门，来到鼓浪屿，来到花时间咖啡馆。

  说起花时间咖啡馆，就不能不提番婆楼。番婆楼是一位许姓华侨给自己母亲修建的别墅。在当时，这个别墅可算得上是鼓浪屿首屈一指的豪华别墅。许氏当年在菲律宾经商发了财，想接母亲过去孝顺，可许母不习惯那边的生活，吵着要回晋江老家。于是，许先生像许多华侨一样，来到鼓浪屿给母亲建了这幢颇有气派的楼，请了一批佣人在这里服侍母亲。许母平时换穿儿子送的体面衣衫，佩戴儿子们买的金银首饰，珠光宝气，俨然南洋富婆。因此，街坊邻居称其为"番婆"，这幢楼也就被叫作"番婆楼"。这幢高两层的别墅楼里有长

番婆楼

长的楼梯、宽阔的回廊，房子正对面还有戏台和水池，规模颇大。房子外部装饰讲究，柱子上雕花镂空，一看就知道是很费了一番功夫的。

番婆楼的铁门映着蓝天分外耀眼。这铁门上一正一反有两个福字，寓意进门出门皆见福。正门的旁边有一个小门，不是遇到贵宾或是大事，正门一般是不开的，里面的人都从门楼边的小门进出。番婆楼的漏窗上雕着芭蕉叶和佛手。门廊上的天花板是柳条的，极具特色。《廖仲恺》《春天里的秋天》《土楼人家》等多部电影都曾在这里取景。

花时间咖啡馆最早就开在番婆楼，在怀旧又古典的环境中，推开一层正对台阶的大门，就来到咖啡馆。花时间咖啡馆也叫Air夫妇咖啡馆。主人非常热情好客，他们与番婆楼有着不解的渊源。Air夫妇自己打理店面，没有雇人也没太做宣传。但这家店却被口口相传，几乎成了鼓浪屿的一个标志。花时间既是一个咖啡馆也是一个书吧。古典的环境，合适的灯光，最关键是满屋的书香。在这里的书房里就好像在自家一样自在，各式书籍随意地放在柜子里、桌上、地上。你可以选择你喜欢的书，以你喜欢的方式或躺或坐或靠，在这里享受一段慵懒的阅读时光。

这家咖啡馆的主题是"时间是用来浪费的"。在这里"浪费时间"别有一番滋味，它的菜单上有不少是试验品，让客人同主人一起，将时间浪费在对美食的研究、品味和追求上。老板Air经常在门口放个小黑板，上面写着类似"花时间新鲜制作，姜汁撞奶，最适合懒洋洋的周末"的内容。客人可以走进去同主人聊聊天，细细品尝主人刚刚成功的得意之作。现在的花时间，虽然搬离了番婆楼，来到了三一堂附近，不过仍然作为鼓浪屿最有特色的咖啡馆中的佼佼者，令人流连忘返。

门票：50元。

开放时间：10：30—17：30，周三休息。

交通导航：思明区安海路42号(近三一堂)。

番婆楼的石阶和回廊

Babycat御饼屋——最纯的纯白色

Babycat私人御饼屋是鼓浪屿岛上一个特色饼屋，虽然叫饼屋，但其实像个咖啡馆。Babycat位于热闹的龙头路，除了惬意的吃喝，还可以坐在里面看书、发呆，望着外面川流不息的人群，颇有情趣。

　　这家简称"BBC"的店铺，装饰风格不仅朴素而且淡雅，纯棉桌布、各种布偶、马灯、小吧台、透明操作间，总因为纯白的色调，让人感觉很舒服也很放松。说到Babycat，很多人问，店名是怎么来的，其实，这baby cat就是主人一只叫作"杰克大人"的猫。

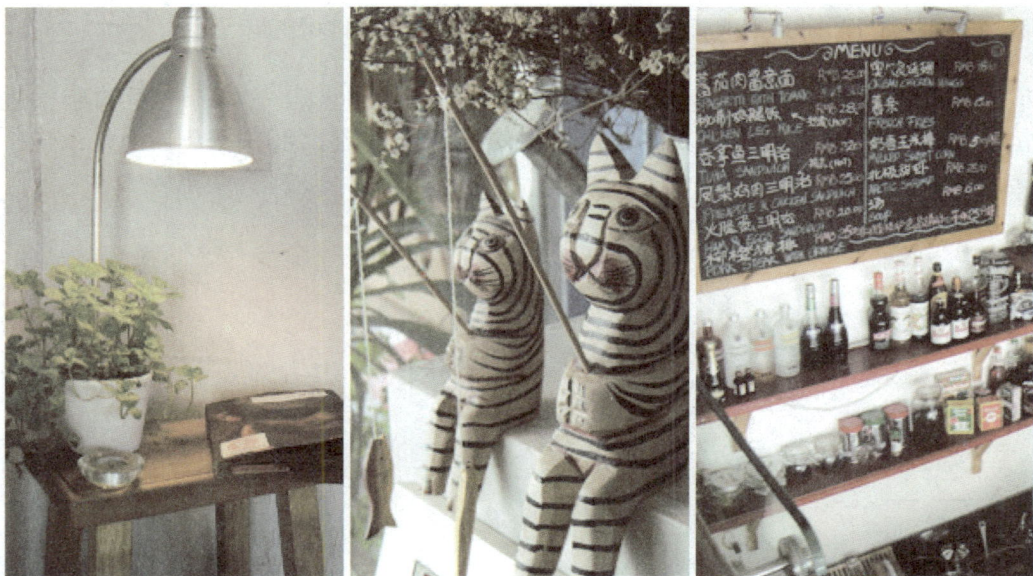

Babycat里的小情调

　　Babycat现在已经有了二店，二店门口的墙壁上，贴着给那只"baby cat"的留言。运气好的话，还能看到这只猫咪卧在店里打盹。它十分淡定，对客人还算比较友好。偶尔，它也会兴致突起，从厨房的窗子钻出去玩。另外，它还有专属于它的玩具：一只小老鼠。

　　Babycat的店主是个可爱的80后男生，看上去没什么老板的派头，相比而言，他的妈妈更有老板的架势。每逢客人称呼她为老板娘时，她总要慢条斯理地解释说：我是老板的娘。据说，店主也是旅游达人，店里有很多他去各地旅游的照片。这家店严禁打牌，希望客人给自己和周围人都创造一种安静、闲适的环境。音乐可以根据自己的喜欢播放。人少的时候，会觉得很舒服，感觉到暖暖的味道。

　　既然叫私人御饼屋，自然是以做饼起家的。关于这家馅饼店和那只现在很有名的猫，都有小小的故事，游客去了就知道。这家店的特色是浓香的咖啡和美味馅饼，柠檬茶也很受欢迎。最重要的是，无论咖啡还是柠檬茶，一定要配合口味细腻的馅饼，这样才能品出最正宗的属于Babycat的味道。

　　店里的其他食物也不错，同其它许多鼓浪屿的小店一样，这里的店主也是经常不停地试菜，开发新的馅饼。初去鼓浪屿游玩，别忘了到Babycat转一转，说不定你可以成为第一批品尝到新品的客人呢。

门票： 40元。

推荐美食： 南瓜馅饼、椰蓉馅饼、绿豆馅饼。

交通导航： 龙头路143号（一店），龙头路8号（二店）。

琴海庄园——大房子里的完美一天

推荐星级：★★★★

琴海庄园位于鼓浪屿中心鸡母山公园里。1920年，蒋介石经过这里时，就非常中意附近的景致，在此住过20多天。琴海庄园的景致独特，可以饱览鼓浪屿风光。

　　琴海庄园地处鼓浪屿的中心，地势比较高，三面海景，一面山景。这旦虽然房间不算多，但每间都可以看到绝佳的景色。琴海庄园出门是泉州路，它的对面是钢琴家殷承宗的旧居，日光岩的百鸟园、菽庄花园以及两个海滨浴场，几分钟就可以到，交通非常方便。

庄园一角

　　当年有个学画的女孩，师从徐悲鸿的得意弟子。她可算得上多才多艺，钢琴、小提琴、吉他，样样精通，按现在的说法就是优质文艺女青年。1997年夏天，这个女孩从北京来厦门旅游，短短的几天里，她被这里的美丽景色和人文风情深深吸引了。就在她计划行程的最后一天，她前思后想，最后毅然做出了一个决定，然后去了厦门人才市场。在那里，她找到了一份工作，接着，直接传真了一份辞职信回北京，接着，她退掉了当晚回京的机票，就此留在了厦门。几年之后，她已经完全适应了惬意的海边生活，一个深秋的下午，她独自坐在轮渡边，望着大海、波浪和海鸥，正带着女孩儿的情怀漫思。这时，一个不算很帅很厚着脸皮的男孩向他走了过来。"你好，请问你知道这个码头叫什么吗？"女孩告诉了他。"哦，我想起来了。其实，我本来是知道的，可是今天来这里突然看到这样漂亮的女孩，我竟然忘掉了，唉。"女孩无语了。真是不错的搭讪。

　　这个男孩，在很小的时候就听别人说，如果站在厦门大学的白城海滩，或许可以看到对面金门的阿里山姑娘洗衣服。多么美妙的场景呢，这给他留下了非常深的印象。不知道是不是这个原因，总之他确实报考了厦门大学，并且毕业之后，在那里的IT公司工作。阿里山姑娘也许没有看到，他却在这里邂逅了他一生中最重要的人。2001年他们结婚了，再后来，他们在鸡母山公园附近寻到了他们满意的鼓浪屿别墅，并将这里办成了颇具情调的旅馆——琴海庄园。

　　来琴海庄园的客人，不少都说这是个奇妙的地方，不止是风景，还因为有这样一段浪漫的故事。如果打算来鼓浪屿邂逅一生所爱，或者想和心爱的人陶醉在山海美景中，不妨来琴海庄园看一看。

庄园外观

门票：300元。

附近景点：日光岩的百鸟园、菽庄花园、三一堂、海滨浴场。

交通导航：思明区鼓声路2号(近鸡山路)。

褚家园咖啡馆——宁静得以致远

同鼓浪屿其他开在别墅里的咖啡馆不同，褚家园咖啡馆的老板就是这幢别墅的主人。让一座年久失修、摇摇欲坠的老别墅焕发生机，并为褚家园咖啡馆赢得良好的声誉，这里的主人有着不平凡的经历。

游客们都知道，厦门的咖啡馆很多，鼓浪屿的咖啡馆更密集。但是，能够出现在"厦门旅游形象宣传片"中的咖啡馆，却并不多。褚家园咖啡馆做到了，不仅仅是因为建筑，更因为一个热爱历史、热爱文化的80后男孩。这要从褚家园的历史说起。

20世纪的20年代到30年代，是鼓浪屿私家别墅兴建的高潮，在短短15年间，鼓浪屿建造了1000多幢住宅别墅。这些别墅，大多是东南亚华侨回到故乡兴建的。1932年，菲律宾华侨褚先生回到厦门，在中山路开了药店，并且在中华路15号，建造了这座南洋和闽南风格相结合的别墅，一大家人都住在这里。历经战火的岁月之后，褚家园曾在70年代简单地维修过，之后一直没有得到很好地保护。最近这些年，不少鼓浪屿老别墅都因为保存问题被迫拆除，还有的因为老旧而无法使用，褚家园也遭遇了同样的困境。2006年，一个网名叫"xielida"的装修日记出现在网友的视野中，他就是后来让褚家园重新焕发生机的人。

"xielida"是别墅建造者褚先生的曾外孙，当他准备重新装修这栋老别墅时，遭到了父亲的反对。当时刚毕业的"xielida"没有什么存款，只能向父亲软磨硬泡，最终得到了第一笔维修款，用来修理别墅屋顶的漏水。父亲看到儿子的热情，发觉他正在做着自己认为重要的事情，并且投入了对传承文化的热情。后来，父亲开始支持儿子。为了省费用，"xielida"和女朋友"雪玫瑰"，从油漆、泥瓦、排水到灯具、桌椅再到设计、园林，许多事情都亲力亲为，并且将装修日记放到了网上，有几十页之多，这还不包括装修进程中的图

馆内的欧式情调

片。转眼两年过去了，尽管一再节省，可装修已花去200多万。"雪玫瑰"在网上写道，那天有个同学去看她，一个同行的朋友进屋后，对她说："咦，那边长头发的油漆工，看起来还蛮有搞艺术的样子。"所谓的"油漆工"，其实就是"xielida"。那段日子里，有人问"xielida"，装修别墅的钱挣得回来吗？他回答："如果单纯想挣钱，我绝无没必要这样做。找人简单装修一下，随便做做低端的东西，马上就挣钱了。"他的想法很简单：想做一件对鼓浪屿有意义的事。

　　功夫不负有心人，诸家园咖啡馆正式开放了。庭院的美，使所有第一次参观的人感到震惊，室内的布置也让人不太相信这就是原来的褚家园别墅，这都是"xielida"心血的结晶。国务院副总理吴仪卸任后，到厦门过年，慕名来到褚家园咖啡馆，并大加称赞。《厦门日报》对这件事给予了报道，让更多人认识这里。

　　宽敞的院子，欧式安静的餐厅，暖暖的太阳照在身上，乡村音乐萦绕耳际，感觉很棒哦。在这里，用餐可以选择室内和室外，室内是欧式的下午茶布置，室外有很大的阳台。这座焕然一新的老洋房里，有着英伦风又不失中国古典韵味的布置，会让你很快陶醉在休闲的气氛里，如果是慵懒的午后时光，很快就在不知不觉中过去。

　　独特风味的伯爵奶茶是餐厅一大特色，香味浓郁迷人，添加牛奶后口感更为香美。茶味香浓，余味悠长，奶脂如丝般细滑，具有奶香浓郁、丝滑爽口、清香怡人的口感。

　　在鼓浪屿走累了，不妨到这个亦中亦西的大院子来坐一坐，相信一定会喜欢的。

门票: 60元。

招牌美食: 提拉米苏、黑椒牛柳、伯爵奶茶。

交通导航: 思明区鼓浪屿中华路15号。

滋滋情书巅——偶遇书的国度

滋滋情书巅位于鼓浪屿音乐厅、海天堂构、天主堂、黄金香肉松店这几个旅游点的交叉口上，它的前身是厦门圣教书局。在装修布置上，滋滋情书巅基本保持了原来文化底蕴，店内的许多特色甜点都是每天限量出售。

鼓浪屿的申遗工作现在正如火如荼地进行，滋滋情书巅所在的地址就是申遗的56个项目之一。走进店里，客人很容易被厚重古朴又具有文化气息的布置打动。在这里悠闲地坐着，品尝入口即化的鼓浪屿凤梨酥、绵密酥软的肉松馅饼加上香醇浓郁的曼特宁咖啡，使人自然而然，有一种想静下来做点什么事的感觉。做什么呢？答案是读书。因为，这里原本是书局。

滋滋情书巅外观

店内的布置

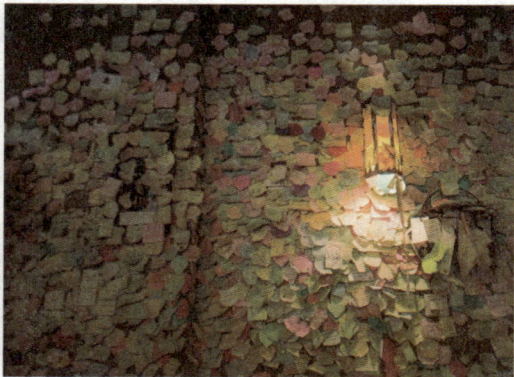

滋滋许愿墙

　　当年的圣教书局，是由中西两方的基督教徒共同修建的，按现在的讲法，就是中外合资。既然是中外合资，必定会有不少本土特色。书院除了主要代售"中华圣经公会"出版的《圣经》，还编制印刷了闽南白话版的《闽南圣诗》。凡是见多识广的游客，都不难发现，一般而言，中国沿海地区的教堂相对密集，信耶稣的人也比较多。这与当年开放通商口岸、最早基督教扎根进入中国是很有关系的。这些教堂建了，传教士来了，怎么宣传他们的教义呢？会中文的传教士还好，但那只是一小部分，大多数只会欧洲语言的传教士，根本没法和当地人交流。于是，他们在遭遇了沟通障碍之后，决定通过印刷出版来扩大教会的影响力。这些出版的书籍不仅用中文，还要用当地话，闽南语。圣教书局出版了《基督教故事书》《真道问答》《圣诗》《基督教三字经》《白话字母》等一系列普及读物，其中一百多种书籍都有厦门方言的版本。此外，书局还印制了学校课本。这些书籍，不仅在当地推广，还远销到新加坡、菲律宾等地方，为教会增加为数众多的信徒。最盛时候，书局还在厦门的大众路开设了分局，其影响可见一斑。

　　新中国成立后，圣教书局由新华书店接管。1989年，圣教书局归还给厦门基督教会，再后来，滋滋情书巅进驻到这里。经过了这么多年的风云变幻，现在的滋滋情书巅，已经与圣教书局的原貌相去甚远，不过仍然保留了书局的文化气息。滋滋情书巅为了还原书局本来的味道，向厦门及周边地区发出征集，愿意高价回收新中国成立前圣教书局出版的经书。

　　滋滋情书巅不仅将西欧风格与小岛气息融为一体，并且保留了书店的原始风貌，带有深厚的文化底蕴。小店中有香醇难忘的鼓浪屿咖啡、浓情暖意的奶茶，还有客人们一定可以品尝到的鼓浪屿原始风味小点，因为这里的点心，都是专业师傅用传统工艺的独家秘方手工制作的。比如鼓浪屿特色的手工馅饼、凤梨酥、纯手工制作的精致小巧甜品等。还有，既然店名中有"情书"二字，那这家店一定与情书有点关系，在哪里呢？就在滋滋许愿墙，这堵充满爱意与回忆的许愿墙让人不禁驻足观看。所以，临走前别忘了，一定要在滋滋许愿墙留下"情书"，或者是美美的祝福。

人均消费： 45元。

招牌美食： 鼓浪屿凤梨酥、香浓曼特宁咖啡、肉松馅饼、脆皮苹果卷、绿豆馅饼。

餐馆地址： 鼓浪屿福建路43号(近鼓浪屿音乐厅)。

邮寄幸福——在小岛转角遇到幸福

邮寄幸福是鼓浪屿一家有特色的小店，可以在那里住宿，也可以喝咖啡、听吉他、看电影，但它最有意思的服务是明信片服务，而邮寄的方式不是快递而是"慢递"。

到鼓浪屿的游人，在本就不太长的旅程中，选择一整个下午，去一个小铺子写明信片。听起来似乎不可思议，但这就是每天都会发生在"邮寄幸福"里的事情。进到这里，墙上贴满了各种各样的留言，左手的吧台可以任意点喜欢的饮料，明信片装在右边墙上的木制小盒里。明信片的内容大多是鼓浪屿上的风景，其中不少是黑白照片。旁边的慢邮信箱，由客人选择寄出时间，无论是五天、五个月还是五年，那一天到的时候，收件人就会收到寄件人当时的祝福。这样听起来的话，如果花上一下午的事情，把祝福写给未来的自己或朋友，也并不是一件无聊的事情吧？

这家店的"慢递"不仅在鼓浪屿，在全国也是很早的。店主怎么会有这样新奇的想法呢？小时候，孩子们常玩这样一个游戏，将一包重要的东西，或者是玩具，或者是小石子，埋到某个熟悉的大树下面，或者湖边的一个偏僻的沙滩里，等过了一段时间再取出来时，重新见到那些东西，会有种莫名的惊喜。孩时是这样，大一点之后还会有这种情怀，比如在初中毕业时给自己写一封信，但要到高中毕业时才能拆开，体会三年前的心情，看看这高中生活与当时想的究竟是不是一样；或者写好了给心仪女生或男生的情书，却迟迟不敢送出，直到彼此要分开的时候，才百感交集地拿出来，重新读完一遍之后将它烧掉，只留下惆怅的回忆……即便是成人，这样的情怀偶尔还是需要找一个释放的地方，因此就有了这家"邮寄幸福"。

自从有了这家店之后，鼓浪屿又接二连三开了几家"慢递"铺子，不过就原创性和内涵来说，还是"邮寄幸福"更吸引游客。曾经有人问，我写了给十年后自己的信，万一到时候这家店倒闭了，不就收不到了吗？老板娘给他的回

邮寄幸福店门

答是：一定收得到。不过，这个慢递的日子也有个期限，总不能随便写个3位数的时间吧。"邮寄幸福"的前台角落里有几本牛皮的笔记本，叫作《幸福手册》。扉页是老板娘的笔迹，后面就是客人们发挥的内容，用五颜六色的笔写出天南地北各式各样的大幸福、小幸福，值得游人细细的翻看。

人均消费： 20元。

特色服务： "慢递"明信片服务。

地址： 思明区内厝澳路218号(近金兰饼店)。

张三疯奶茶——猫胖子你现在几斤

张三疯欧式奶茶店，最早的一家位于鼓浪屿的街心公园。这家店的初衷是想让厦门的游客们，能够享受改良后、适合中国人口味的异国奶茶。

不少人初听这个名字，会以为张三疯是个人名。张三疯的出生地已经不可考，最早发现它的人，是在一个垃圾桶的旁边，这个爱猫人士将它带回了鼓浪屿，并给了它这个有些另类的名字。为什么叫"三疯"呢？据说这只猫天性活泼，很讨人喜欢，但是每天不定期的会有癫狂发疯的症状，去医院检查之后才知道，这只猫的毛病和一些孩子的毛病一样，"多动症"。既然不是什么大病，主人也就放心了，随着它的性子，上蹿下跳也好，整天在岛上疯玩到天黑也好，一切悉听尊便。

张三疯奶茶铺

　　鼓浪屿的性格，和狗狗的性格不大像，却像极了猫的随性自在。所以，鼓浪屿狗狗的数量连猫的1/10都不到。这只张三疯的猫因为鲜明的个性，很快成为全鼓浪屿最受欢迎的小家伙，同时也是名气最大的猫。那位收养它的主人，后来就以肥猫张三疯的形象开了一家奶茶店，开业之初就受到小朋友和游客们的热捧。张三疯用它的肥肚子和懒散睡姿告诉人们，生活本来就可以不要那么累的。2010年，张三疯得了一场疾病，是因为太肥了还是其它的原因，无从得知，不过据说自从它病愈之后，每天都会去张三疯奶茶位于三友假日旅游城的分店接受按摩，有时候还会去厦门的中山路轮渡附近按摩，真是待遇优厚。想见张三疯的客人可以下午四五点钟时候去店里碰碰运气，看看能不能遇到这个鼓浪屿上的"小明星"。

　　张三疯奶茶店有个著名的《三不一没有》店规：

　　　　不抽烟
　　　　不打牌
　　　　不接吻
　　　　没有表白别走

　　这个店规的由来已经无从可考，却有着客人很高的认同感。鼓浪屿，从来都是一个适合表白的地方呢。除了奶茶和甜点，这里张三疯LOGO的各种创意小礼品，喜欢的客人不要错过了。

人均消费： 30元。

特色美食： 招牌奶茶、香草可可、欧式奶茶、猫粮早餐、芒果冰沙、烤香肠、牛轧糖。

地址： 思明区龙头路266号(近街心公园)。

赵小姐的店——一段遥远的怀念

推荐星级：★★★

赵小姐的店以定制的素馅饼和斯里兰卡红茶为人熟知，据说这家店是由旅居海外的陈女士（赵小姐的孙女）投资开设，用此店纪念她的祖母和从前的鼓浪屿。

　　赵小姐的店，让人一听就感觉很文艺的店名。关于这个店名的故事至少有三个版本，有一个版本流传最广：赵小姐是一位鼓浪屿的大家闺秀，20世纪50年代随家族迁居南洋。赵小姐的孙女陈女士自小听祖母讲述鼓浪屿的旧事，从南洋回厦门的华侨在那里经商、建别墅；西方各国的领事馆纷纷建立，文化冲突、交融；第一个女子学堂在鼓浪屿建立；教会文化、音乐文化在海岛植根，逐渐传播开来；还有那漂泊的爱情和梦想。赵小姐，或者是其他哪位女子，尽管已在家人的安排下订了婚，她却义无返顾地爱上了其他男人，在世俗的压力下，两人终于决定一起私奔去南洋，可惜未能成行就被发现了。后来的故事一点都不浪漫，毕竟那不是电影，那个第三者的男人有了自己的家庭，女子后来同家人也离开了鼓浪屿。当年那个追求她的男子，知道她喜欢红茶，就特意托人从海外带回斯里兰卡红茶（当时叫锡兰红茶），每次见面时送给她。这都是陈女士从祖母口里听来的。平凡的故事因为时光的荏苒流逝，在老人的叙述中有着令人怀念的感动。后来的陈女士，为了纪念祖母和鼓浪屿的那一段旧时光、老故事，于是在鼓浪屿出资开了这家店。

　　对于这些故事，怀疑的声音也不小，因为张三疯、娜雅咖啡旅馆是同一个老板经营的，用类似故事的方法做噱头，自然算是一个招徕顾客的好方法，毕竟现在的游客们都有点小小的文艺情结。不过，不管这些故事的真实性如何，客人们只要能感受店中独特而曼妙的氛围就好，能陶醉在故事里何尝不是一种幸福呢。相信圣诞老人和白雪公主的存在，那样的童年，才是真正的童年吧。

店里的氛围

跟鼓浪屿的多数奶茶店不同，赵小姐的店小资情调更浓。游客来这里最好还是不要选择最热闹的时间段。店里有二楼，陈列着不少怀旧的事物，播放的音乐也多是邓丽君等的老歌，在这里和朋友或情人，随意点些东西，遥想那旧日鼓浪屿的风情，确实别有一番滋味。

人均消费： 35元。

推荐美食： 素馅饼、凤梨酥、烧仙草、斯里兰卡红茶、铁观音。

地址： 思明区龙头路298号(近菜市场)。

食山姨意大利面馆——意餐与馅饼

食山姨意大利面馆，是鼓浪屿独具特色的美食餐厅。这家店从食材的选用到卖相、味道，都独具风味，食材的选择，很多是来自地中海的鱼、干酪、水果、橄榄油、谷物、香草和酒，纯粹的品质坚持受到无数游客的青睐。

　　食山姨的大名，在鼓浪屿可算是如雷贯耳，来厦门的游客，就算没有听过，也一定知道著名的"孝母饼"（就是"食山姨孝母饼"）。最早的"孝母饼"起源于南宋。大儒朱熹的事迹，不少人都知道，而他至孝的美名，尤其声名远播。他一生中有50多年都在武夷山奉母治学，相传，他母亲喜欢吃他亲手做的面饼，所以，朱熹每次出远门之前，都会制作许多这种饼留给母亲。而这种饼，因为比较干燥，可以存放较长时间。朱熹的父亲曾有一首诗："生朝乐事记当年，汤饼何须半臂钱。吾算自知尊有酒，汝翁莫吧坐无毡。"写的就是这种饼。后来，乡里人都知道了这事情，又因为饼的味道确实不错，就将美食和典故一起流传下来，既教化子孙，又可大快朵颐，这就是"孝母饼"的来历。孝母饼后来逐渐从武夷山的乡里传了出去，甚至成了风雅的文人不可少的一种品茗点心。

　　朱熹的"孝母饼"被传为美谈，而鼓浪屿的"孝母饼"却是因为纪念。一位从意大利回国的女子，因为鼓浪屿的秀美风光而决定在这里定居。她的老家在青岛，母亲已经去世。她想侍奉母亲的心情并不比任何一个孝子差，但当她在意大利辛苦工作的时候，母亲却因为一场意外离开了人世，这让她的梦想破灭了。她终究没能通过自己的辛苦，让母亲过上一段好日子。这个女子在鼓浪屿开了一家意大利餐馆，不知道是不是因为她出生在青岛的山村，总之人们亲切地称她"食山姨"，后来以讹传讹，变成了"十三姨"。"十三姨"的生意很顺利，但经常有难以排遣的心绪，就是她对于母亲的愧疚。有一次在吃到鼓浪屿馅饼的时候，突然让她想起了母亲给她做的家乡大饼，那种融入了回忆的味道一瞬间让她感动不已。后来，她经过尝试，并结合两种饼的特点，做出了一款口感独特的馅饼，因为非常美味，名气一下子传开了。"十三姨"的孝母饼，并不是浪得虚名，每逢中秋端午等节日，她都会亲自将饼送给鼓浪屿上的很多老年人品尝。

随着"食山姨"和"孝母饼"的名气越来越大，她开的意大利餐厅生意也越来越好。因为她坚持食材、味道的讲究，所以许多喜爱真正意大利美食的人和爱尝鲜的游客都经常光顾那里。如果在食山姨意大利面馆里，看见一边吃意大利面一边嚼着孝母饼的游客，千万不用感到奇怪。

人均消费： 50元。

推荐美食： 芝士焗饭、虾仁意面。

地址： 思明区鼓浪屿龙头路120号。

餐馆正门

第 6 章

品美食，幸福的味道

芋子包——口口都是爱

厦门名小吃芋子包，以芋为皮，含有丰富的馅料。芋子包既是客家人过年的必备食物，也是夏秋季节的时令小吃。食用时佐以辣椒、芥辣、沙茶酱等，味道更佳。

"天乌乌，要落雨，阿公扛锄头去掘芋。"福建的芋头很多，也很有名，掘回来做什么？请阿婆帮忙包芋包。厦门的芋子包，就像山东的煎饼卷大葱、东北的猪肉炖粉条。听名字就知道，芋包最不可或缺的是芋头。但这芋头，必须选用槟榔芋，因为，槟榔芋是所有芋头中口感最绵软香甜的，几乎可以用"缠绵悱恻"来形容它。或许有人觉着这比方不够恰当，可是同安槟榔芋的香甜，是被爱情滋润过的。

相传旧年同安城里有对小情侣，青梅竹马，感情很好。男子每天做完工，无论如何都会揣个芋头回来，十多年风雨无阻，因为姑娘爱吃这个。有情人终成眷属，二人刚刚办婚礼，看似幸福的日子就要开始了。孰料一场灾难从天而降。当年，清军攻打同安城，战况异常惨烈，多少无辜的老百姓受了难。那天，早起的"芋头哥哥"出了门，正遇上了战事，一直没回来。待到战火稍息，新娘子发了疯似的冲到大街上，找寻新婚燕尔的男子。受了枪炮惊吓的

芋子包的名店佳味再添

大锅现做的芋子包

老百姓不敢出门，在废墟中弥漫着硝烟的空旷街道上，只见一个神色慌张的女子，于血腥浓烈的空气中来回奔跑穿梭……"芋头哥哥"是找到了，不过已经气息全无，他的心口窝，还护着一个芋头。

这弱小女子，不知哪来的力气，抱着尸身来到了郊外，用手刨土，想要埋葬情人，直到血肉模糊，她终究让情人入土为安。不过悲痛的妻子，自己也哭倒在了一旁，再也没有醒来。后来，有好心人将两人合葬，算是给这对苦情人寻了个最终归宿。那年月里，同安的新坟到处都是。然而，"芋头情人"这坟头还是太特殊了，独独生出了一株槟榔树，树下还有芋头苗，它们会结出母芋头和子芋头。芋子包就这么传开了。

芋包好吃，但如果别人问起，能说出它的做法就更好不过了。首先，将槟榔芋捣成泥儿；再取来虾仁、香菇、冬笋、荸荠等，按自己的喜好调馅；最后，用芋头泥儿盖住馅儿，用碗上锅蒸。当然，实际做起来窍门可不少。出锅后将碗倒扣过来，奇迹出现了：成品变成了淡淡的藕色，形似冰激凌，然后就可以大快朵颐了。到厦门，一定得尝尝著名的芋子包。

平均消费： 20元。

推荐店家： 好清香大酒楼、佳味再添小吃店。

口味特色： 绵软香甜。

厦门薄饼——此薄饼非彼博饼

厦门薄饼是厦门的一种特色小吃。北方的春饼，烤鸭店的荷叶饼，都和厦门薄饼很像，但有所区别。厦门薄饼，确实源于当地人的发明，颇有地方特色。

在文化部公示的第一批国家非物质文化遗产中，厦门有5个项目榜上有名。但让当地人大吃一惊的是，厦门人气最旺的薄饼项目榜上无名。有的只是"中秋博饼"。没到过厦门的游客一定想问，那不就是厦门著名的小吃吗？不对，那叫薄（bao）饼，此薄饼非彼博饼也。

厦门薄饼薄如纸透如纱，用它卷菜吃卷肉吃皆可。明嘉靖年间，曾任潮州太守的李春芳，将女儿嫁给了金门人蔡复一，当时金门属于同安县管辖。后

厦门薄饼的原料

博饼民俗园

博饼民俗园里的雕塑

来，蔡复一官至贵州巡抚，公务繁忙，经常废寝忘食。蔡夫人心疼丈夫，害怕长此下去丈夫健康受损。于是，她想了一个法子，就鱼虾肉菜等用微火炖熟，再拿面皮精心包卷，做成之后让丈夫边吃边办公。后来，这种美食便被称为"婆饼"，厦门话"婆""薄"同音，因此，便又称为"薄饼"。传到民间后，"夫人薄饼"又变成"美人薄饼"。

北方人立春吃春饼，但是比较起来，厦门人吃"春饼"的日子还真不少。在这里，二月二得吃"春饼"，为土地婆庆祝生日；三月三上巳节，也要吃"春饼"，这是为了祭祖。二月二这"厦门薄饼"，吃起来很有讲究。有什么珍稀作料呢？蛤蜊和江米饭。一定得用这两样搭着吃。因为传说土地婆不爱吃这两样，这是为了成心气气她。百姓口口相传中的土地婆，有点势利眼，她主张贫富两级分化。于是，借着过生日进贡的由头，老百姓也让她尝尝吃不饱饭的滋味儿。这厦门的民间，真是处处有智慧。

博饼和薄饼毫不相干，它是厦门每年最有趣的民俗活动。中秋在厦门，或者说对于从前的客家人而言，实在是最大的节日，胜过春节。这在全国也是少有的。每年中秋前后，家家户户掷骰子的声音，是厦门一道独特的风景。博饼的规则不复杂，一般是用六粒骰子投掷的结果组合，来决定参与者获得大小不同的月饼。据说，这种游戏可以预测人未来一年内的运气。说起这个游戏，还得提到300多年前的郑成功。当时在厦门抗清的郑军，士兵多来自福建、广东等地。那年中秋，士兵们思亲怀乡气氛特别浓，郑的部将洪旭为了宽释士兵愁绪，激励鼓舞士气，攻取台湾，于是突发奇想，决定在中秋的夜晚来一场"博饼"大会。大会分成很多会场，每个会场月饼按照科举制度的头衔，设有"状元"1个，"榜眼"2个，"探花"4个，"进士"8个，等等，所有奖项皆根据投掷结果而来。每个会场有大小奖饼63块。九九八十一是天子之数，八九七十二是亲王数，而郑成功封过延平郡王，所以用郡王六十三之数。那天的博饼大会，皆大欢喜，士兵们也暂时忘了乡愁。从那时起，博饼的习俗就流传了下来。

近些年来，一些民俗研究的学者，因为害怕博饼引发赌博的联想，提出建议，改博饼的"博"为"搏"，意为拼搏。然而，从博饼流传的习俗来看，原来的"博"字更确切地说有点博一个好彩头的意义，并非纯粹赌博的含义，所以到底改还是不该，仍有争议。

厦门的博饼民俗园，位于湖里区东渡路海沧大桥旅游区内，是一个以中秋博饼活动为主题的综合性民俗旅游景区，感兴趣的游客不要错过了。

无论是博饼还是薄饼，都承载了厦门的历史和人文风情，在大众的智慧中不断地衍生出新的花样，产生出新的魅力。这才是民间美食和民俗的魅力所在吧。

平均消费： 15元。

推荐店家： 吴招治薄饼嫂传统美食、阿嬷薄饼、翔芬芬薄饼店。

口味特色： 馅料丰富。

海蛎煎——香鲜细腻、美味可口

除了在台湾的小吃销售排行榜第一名，海蛎煎在厦门也有着超高的人气。厦门是海蛎煎的发源地之一，海蛎煎是一种在番薯粉浆里加入水、蚵仔、蛋、葱或蒜等煎制而成的美食。

经常看台湾电视剧的观众，一定对"蚵仔煎"这种美食不会陌生。第一次听到这个名字，大陆人也许不知道所谓何物。"蚵仔煎"的闽南话发音为ǒuā jīan，普通话译作"海蛎煎"。海蛎煎发源于福建，广受闽南和台湾等地的欢迎。原本是先辈们在缺少粮食时，为了填饱肚子而发明的一种填补饥饿的替代食品，它是一种贫苦生活的象征。蚵仔煎就是一种在贫穷社会环境之下先辈们所发明创造的料理。

"蚵仔煎"最早的名字叫"煎食追"，是台南安平一带老一辈们皆知的传统点心，是一种将番薯粉加水后搅拌成浆，然后加入蚵仔、蛋、葱等食材混合所煎成的饼状物。在台湾，还流传着关于蚵仔煎与郑成功的故事。

1661年，郑成功率军登陆台湾岛收复失地，在攻打台南的时候，郑军势如破竹大败荷兰军队。荷兰人在仓促逃走前，竟然放火烧掉了所有储备的粮食。郑成功的部队经过连月苦战，这时剩下的粮草也不多了，而当时所在的鹿耳门附近，产粮的地方不多，又没法接受外部的支援，这让郑成功非常烦恼。这时，一个老家在厦门的部将出了个主意。在他的老家，有的时候收成不好，粮食不够吃，就用海蛎、番薯粉加水混在一起煎饼吃，这种食物可以很好地弥补主食的不足，而且口感也不错。郑成功听后觉得很可行，加上当地的蚵仔（就是海蛎）非常多，于是立刻下令，将这个食品在部队中进行推广。这种来自民间、最早是帮助百姓度过饥荒的简易食物，使郑军顺利度过了缺粮的危机。这之后，不仅在郑成功的部队里，连民间也开始流行起这种食物，并且一直到今天还很风靡，受到各个阶层、不司年龄层次人们的追捧。

阿吉仔海蛎煎

海蛎煎料很足

在闽南的东三角，即泉州、厦门和漳州一带地区，海蛎煎对于即将出嫁的女子来说，可不光是一道美食这么简单。在新娘子入门之后，按照当地的习俗，第一次给公婆做菜，必定有海蛎煎这道菜，而这道菜做的好不好，往往成了公公婆婆评价媳妇的第一个标准。于是，新媳妇从买食材的挑选、清洗、准备，所有的工序都得亲力亲为，否则，这第一道门槛就不好过呢。

随着海蛎煎的流行，现在各个地方都可以品尝到这道小吃。如果想吃到最正宗、最新鲜、一点都不腥的海蛎煎，还是得到海蛎的产地去吃个痛快，例如厦门著名的龙头海蛎煎、莲欢海蛎煎等。因为独特的风味，海蛎煎被誉为厦门美食的一绝，如果想尝尝来厦门旅游不可或缺的这种美食，就去那些人头攒动，供不应求的店里去看看吧。

平均消费：15元。

推荐店家：龙头海蛎煎、莲欢海蛎煎、莲花公园煎蟹、莲坂国贸光华店。

口味特色：鲜香嫩滑、甜而不腻。

鱼皮花生——口香糖替代品

鱼皮花生是花生的一种衍生食品，因为制作外壳的时候，用的糕粉里掺有鱼皮胶，所以得名。鱼皮花生营养丰富，越吃越上瘾，是品茶佐酒的佳品。作为厦门的名优特产，鱼皮花生驰名中外，远销东南亚。

鱼皮花生最大的特色就是'香脆'，一颗颗金黄饱满的颗粒，一咬即裂，香气四溢，再慢慢嚼碎。满口都是花生的浓香，吃完令人回味无穷。厦门生产

各式各样的鱼皮花生

的鱼皮花生第一讲究选料严格，第二要求工艺精确把关。正宗的厦门鱼皮花生具有香郁酥脆、咸中带甜的风味特点，里面的花生仁与外壳不粘在一起，摇则有声，就像弹奏琵琶的声音，所以鱼皮花生又名"琵琶花生"。鱼皮花生在生产过程中还得考虑气候的影响，一般秋天现做的鱼皮花生最受欢迎。

据说，鱼皮花生源起于日本。20世纪20年代，有些来到厦门的台湾人，根据日本人在台湾制作鱼皮花生的过程，开始在厦门手工仿制出售。广为流传之后，鱼皮花生作为厦门特产，一路披荆斩棘，销到了北京，也深受首都市民的喜爱。现在北京的大街小巷里，还经常看见挑着扁担专卖手工鱼皮花生的小贩呢。1972年，尼克松总统访华时，一天宴席后食用点心时，尝到了鱼皮花生，大加赞赏，问随行的翻译，那是什么？听了"鱼皮花生"的名称之后，尼克松连连点头，称赞这个名字也好，还表示，回去后要在美国做一条鱼皮花生的生产线。

鱼皮花生一旦失了"脆"，口味就要大打折扣。因此，鱼皮花生在生产和储藏的过程中一定得做好防湿防潮的工作。在各地，都有许多喜欢嚼口香糖的人，而在厦门，鱼皮花生比起口香糖的受欢迎程度，似乎有过之而无不及。鱼皮花生，那一层"鱼皮"，可不简单，这层皮的配料，只有生产的厂家和那些制作传统食品的小摊贩才知道。

平均消费： 5元。

推荐店家： 商场都有售。

口味特色： 香脆可口。

叶氏麻糍——古法酿心

在中国糍粑行业中，鼓浪屿的著名小吃"叶氏麻糍"可谓名声在外。《厦门日报》《厦门晚报》《海峡导报》等，甚至中国香港、中国台湾、新加坡、马来西亚的媒体都有过关于叶氏麻糍的报道。

鼓浪屿有一道风景，据说是岛上唯一可以占道经营的小摊。这个小摊，可不是普通的小摊，它已经有近80年的历史。现在的摊主，已经是第三代传人，这就是"叶氏麻糍"。按很多人的看法，这样长时间的经营仍然停留在一个小摊车似乎有点不可思议，很容易让人联想到《武状元苏乞儿》中的周星驰，身穿黄马褂去唱"莲花落"，然而，这家小摊，就是这样坚持了几十年，可能还会一直这样。

叶氏麻糍的创始人叶成屋是福建安溪人。他生长在手工食肆之家，自幼就精通了麻糍、年糕、发糕等传统小吃的制作工艺。1935年，他远离家乡来到厦门，开始以手艺谋生。他的手艺就是做小吃，做小本买卖的，不能去租店铺。他推了小车到处售卖，卖了一段时间之后，他发觉麻糍卖得特别好。所谓麻糍，就是用糯米做成糍粑，在其中放入碎的花生、黑白芝麻和糖粉等材料，再搓揉成团，外面滚上一层黑芝麻粉。虽然制作简单，但是想做的甜而不腻、糯而不粘，可不容易。受到欢迎后，叶成屋开始以麻糍为主，捎带其它手工制作的食品，以小摊形式流动出售，每天可以卖出几十甚至上百粒麻糍，这样一直到了解放。1958年，公私合营，他因为手艺出众，被安排到鼓浪屿食品厂工作，制作年糕、发糕等。

时光如梭，当叶成屋的孩子已经长大时，改革开放到了。他的三儿子叶建佳、四儿子叶建胜打算把麻糍的生意继续做下去。可是叶成屋有犹豫，这几十年过去，鼓浪屿人、厦门人，说不定早就将"叶氏麻糍"忘了吧。可他想错了，鼓浪屿并没有忘记他。"叶氏麻糍"的重新出现，立即得到了很好的反响。为了方便行人、游客购买叶氏麻糍，鼓浪屿的有关部门，还特别批准叶成屋和儿子在龙头路街边摆摊销售。旺季时候，他们每天可以卖上千粒，后来，厦门的第九市场也有了叶家开设的分销点。很多游客感叹道，这样的王牌小摊，估计连城管也不能管吧？确实如此。

来到鼓浪屿，走到龙头路的"叶氏麻糍"小摊，只见摊主将一个软糯的米团，先用金属小刀撑开小口，然后塞入各种馅料，随手捏成丸，然后丸不离手的在空中一转，再放入芝麻堆里滚一圈，最后装入袋中。整个动作一气呵成，确实有百年老店的气派。尝尝那味道，真是名不虚传！

叶氏麻糍

平均消费： 10元。

推荐店家： 叶氏麻糍。

口味特色： 软糯绵酥、浓香爽口。

同安封肉——上桌才可揭锅

厦门同安的封肉，要将整块的肉加料、装盆、包纱布、上盖，然后在蒸笼里蒸熟，直到上桌才可以揭盖，所以叫做"封肉"。也有相传，同安封肉是为了纪念王审知而制作的美食。

在同安当地，每逢人们办喜事、举办筵席，总少不了"封肉"，这已经是流传了很多年的习俗。时至今日，"同安封肉"成为厦门乃至闽南地区的一种具有代表性的特色食品。当地风俗是把"封肉"安排在筵席的中间时段上桌，当你在筵席上吃到"封肉"这道菜时，说明筵席已经过半了。这道菜也是华侨回到家乡探亲，必须要尝的家乡风味菜。一些台胞和老华侨，还将这种独特的美食带到台湾地区和海外，过年过节，都会吃这种特色美味来怀念家乡，并且

封肉的色泽

大谈"阮兜的封肉"。"阮",在闽南话中就是我的意思。关于同安封肉的传说,不止一个,不过都被寄予了美好的内涵。

很早以前,同安每逢"佛诞日",都要请"神"出巡。"佛诞日"四月初八,是纪念佛教创始人释迦牟尼诞生的大日子,也叫浴佛日、华严会。沿途的村民需得准备丰盛的菜肴,供奉祭祀佛祖。祭祀仪式完毕,沿途各家还要宴请亲朋好友。哪家的排场越大,菜肴越可口,主人就越有面子,据说来年更会财运亨通。有一年临近"佛诞",一位沿途的村民因为家境贫寒,没法置办佳肴。他只好凑了些铜板,买了肥瘦相间的一大块生肉。别人家里有许多佳肴,而他只有一道菜,这菜当然马虎不得。尽管不如别人家排场,功夫却得做足。他先用酱油将整块肉上色,然后把香菇、虾仁、笋干等入锅一起炖到七分熟了,再放进粥里一直煮。仪式结束后,粥也煮好了,不过还没开锅。客人来了之后,等着这唯一的一锅吃的,不少人议论纷纷。谁知,揭开锅后,整锅粥香气四溢,粥面上浮着一层肉油,那肥瘦三层的五花肉油光发亮,甚是好看。有人夹了一小块放进嘴里,细细一嚼,味道极其鲜美。很快,客人们就将那一锅稀粥分吃干净,并且啧啧称奇。然而,粥吃完了,那块大肉却完整无缺,原来,客人们看到那村民家徒四壁,都舍不得吃那块肉。客人们的关照,让他特别感动,于是决心奋发图强、成家立业。

几年之后,那村民果然通过努力,有了家室,事业也开了头。后来每逢"佛诞日",他仍然用一锅咸粥招待客人,同时另做一大块鲜美可口的三层五花肉。做法比原先稍加讲究,用料丰富,味道更鲜美得多。后来,许多村民也学着做,每家的做法都相同,且口味一样,所以就吸引不了人。因此,大家开始开动脑筋,想方设法地采用不同的做法,选择不同的辅料。通过大家的智慧和不断努力,方肉是越做越好吃。后来人们发现一种最好的方法,就是用纱布包裹焖炖熟的方肉最好吃,所以这种方法延续至今。

这道菜逐渐在同安出了名。

　　有人说，这道菜原来叫"方肉"，闽南话"方"与"封"谐音，所以又叫做"封肉"。但另外一个传说，确是真正的"封肉"，"敕封"的"封"。五代后梁时，王审知被封为"闽王"，同安的地方官员，不少受过他的恩惠，于是为"闽王"举办了一场盛宴。其中有一道佳肴，味道特别鲜美，是特意为这次大宴准备的。猪肉切成四方大块，配上海蛎干、香菇、莲子、虾米、鱿鱼丝等佐料，用黄巾（白纱布浸北辰山所产黄栀子叶制作而成）包好，放进锅里煮熟。煮好的四方大肉，形状恰似封王的大印，而黄巾用来喻指束印的黄绫布。如此一来，"封肉"正是名副其实，没多久，"封肉"的名称就此叫开。

　　制作"同安封肉"，必须选用2千克左右重的猪腿肉，掺和众多佐料，浇上当地特产的酱油。吃的时候，必须上桌才揭盖。也有的地方，不用五花肉而用的是猪蹄肉，所以漳州、龙海一带不叫"封肉"而叫"封蹄"。和普通大肉的做法不同，"封肉"或者"封蹄"，在烹饪的时候，肉中的油脂已经充分地熬出来，所以油脂并不是很高，游客们在尽情享用的同时，大可不必太顾及高油脂的问题。

平均消费： 50元。

推荐店家： 同安老封肉店、眼镜同安封肉。

口味特色： 入口爽滑、肥而不腻。

厦门烧肉粽——美食跨越海峡

厦门烧肉粽最早源自泉州的传统小吃，配料丰富，口味极具闽南特色。烧肉粽不仅味道绝美，在漫长的历史长河中，它还是两岸交流的见证，成为厦门的一张美食"文化名片"。

20世纪70年代，邓丽君有一首脍炙人口的闽南语歌曲《烧肉粽》，同苏芮的《酒干倘卖无》一样，让邓丽君的名字响彻了海峡两岸。而这首《烧肉粽》，也让烧肉粽这种传统美食更加闻名遐迩。烧肉粽是当年由"闽南过台湾"的移民带去的风味小吃。

粽子各个地方都有，风味也不尽相同。即使在福建，也有咸粽、豆粽、甜粽、肉粽、蛋黄粽等诸多种类。厦门的烧肉粽，真能算得上"山珍海味"俱

1980烧肉粽

备，猪肉、干贝、芋头、蛤干、鸣蛋、香菇、虾米、栗子……应有尽有，吃的时候还得配上沙酱、蒜蓉、红辣酱、调味酱油、芫荽，最好还有扁食（馄饨在厦门当地的叫法）汤或鱼丸汤，更添滋味。

初次来到厦门的人，一听到"烧肉粽"这个名称还真是容易犯糊涂，听上去还以为厦门埠头大，人也别出心裁，把肉粽"烧烤"了再吃呢。所以经常会有人问，这"烧肉粽"的"烧"是什么意思，难道是将肉粽烧烤了吃吗？其实，在闽南语中，"烧"就是热的意思，那是说"烧肉粽"要趁热吃才能更好地品出醇香滋味，凉了之后，不仅味道大减，而且对于脾胃不好的人也不容易消化。

烧肉粽发源于泉州，后来传到了闽南地区。再后来才到了台湾，当年有个"泉三肉粽"，听名字就知道来自泉州。20世纪三四十年代，厦门开元路的"泉三肉粽"远近闻名，后来分店开到了金门岛，经过两代人的苦心经营，成了极富盛名的"泉三肉粽大三"，那里有无数台湾老兵的共同回忆，也是"厦""金"同宗的佳话。改革开放之后，很多南洋华侨和港人用"永春漆篮"（俗称"扁篮"）将厦门烧肉粽带到了海外，让国门之外的人也尝到了这种厦门名点的独特魅力。现在的烧肉粽，不仅在港澳台受欢迎，甚至国外的一些城市，也开设了售卖烧肉粽的专门店铺。

朱氏烧肉粽（又名1980烧肉粽）是厦门家喻户晓的小吃店，那里的肉粽味道香甜、油润不腻、色泽红黄闪亮，配上闽南风味的浓汤，一定能让游客们大快朵颐。

平均消费： 10元。

推荐店家： 1980烧肉粽、郑品古法烧肉粽、阿嬷烧肉粽。

口味特色： 软糯鲜香，口味丰富。

姜母鸭——冬季进补必不可少

姜母鸭发源于泉州，现在是厦门等闽南地区进补时必不可少的美味佳肴，除此之外，姜母鸭春夏祛暑湿、秋冬祛肺燥，滋而不腻，温而不燥，具有诸多功效。而古时，它曾是一道遥不可及的皇室御膳。

在翔安传统的婚宴中，一道姜母鸭上了之后，会举行个仪式：新娘缓缓起身，请婆婆坐在自己原先的位置，然后拿来小板凳给婆婆垫脚，接着恭恭敬敬地说："妈妈，请高椅上坐，低椅放脚"。鸭是"压"的谐音，喻示媳妇要尊重婆婆，这样家庭才会和睦。这个仪式还有一个意思，就是媳妇要让辛苦了一辈子的婆婆享受以后的好日子。姜母鸭不仅是婚宴的必备品，还是冬季进补的重要美食，进食姜母鸭后，通体温暖，寒意尽失，颇受大众的喜爱。

相传，原本姜母鸭只有在宫廷才能吃到。据《中国药铺》及《汉方药典》的记载，一位君王为了延年益寿，曾请了众多御医到宫中，与御厨配合研究滋养之道，并制作新的美味御菜。其中有一道菜，以麻仁油炒鸭肉，加上老姜母和烧酒一起炖煮，美味无比，皇帝食后精神振奋，全身经脉通畅，对此菜大加赞赏，这便是姜母鸭的前身。发明姜母鸭的御医告老还乡后，偷偷将姜母鸭的做法传给了儿媳。数代之后，这家的后人在泉州做起饭馆生意，并因为姜母鸭而名声大噪，姜母鸭的制作方法也流传开来。再往后演变，"姜母鸭"开始以套餐的形式出现，吃法有点类似北京的涮羊肉火锅和重庆的鸡公煲。"姜母鸭"上桌后，可放入鸭肠、鸭血、鸭心、鸭肝、鸭胗、水发粉丝、海带、豆腐等配菜烫食，最后还可以上一些杂面煮食，美味的汤汁丝毫也不浪费。

现如今，姜母鸭在寻常人家饭桌上已经经常出现。姜母鸭之所以深受欢迎，是与其味美、益于人体健康密不可分的。因为姜母鸭色泽诱人、味道鲜美、营养极其丰富，其中姜母片的味道也是非常独特的。而且姜母鸭有着春夏祛暑湿、秋冬祛肺燥，养胃健脾、祛寒化痰等功效。制作时的鸭子一般是带头带爪完整的，在福建闽南地区则经常被用于先做"拜拜"，也就是先供奉，然后才食用。

厦门的福春姜母鸭

　　干蒸制作的姜母鸭一年四季都适宜吃，具有舒筋活血、养胃健脾、祛寒化痰、疏肝润肺等功效。福春姜母鸭是著名的 "厦门老字号"，于1990年就创立了品牌，现在有20多家分店；晋江的远华饭店、春生饭店，附近因为姜母鸭而形成了一个小的商圈，那里著名的品牌叫作"张林姜母鸭"；与厦门隔海相望的金门，有制法独特的"金门姜母鸭"；闽南的其他地区以及台湾地区都有各式各样的姜母鸭，可见这道名菜流传之广，影响之大。

平均消费： 60元。

推荐店家： 翔安福春姜母鸭 、灌口姜母鸭、好德来姜母鸭、大佳香姜母鸭 。

口味特色： 滋而不腻，温而不燥。

同安马蹄酥——曾为宫廷名品

马蹄酥，雅名"香饼"，是厦门、泉州闻名的佳点，其中以同安的马蹄酥最为著名。马蹄酥的原料是面粉、猪油、麦芽、白糖等，在制作时将饼贴在竖炉壁上烘烤，饼呈马蹄形，故称马蹄酥，曾是唐代的宫廷食品。

"乍经面起还留迹，不踏花归亦自香"，这是清代方王圭称赞马蹄酥的诗句。马蹄酥历史悠久，历来受到大众的欢迎，它外皮酥脆，内馅香滑，在同安已经有数百年的历史，是同安四大名小吃之一。相传，唐太宗李世民的长孙皇后有一次回家探亲，带回了马蹄酥，乡亲们尝了之后交口称赞。她随行携带的其他糕点美食还有许多，但众人唯独特别偏爱马蹄糕，并央求将制作方法留下来。原本作为宫廷食品的马蹄酥，制作技艺一般不宜外传，但长孙皇后经不起

阿吉仔的马蹄酥很有名

众人的软磨硬泡，终于答应。皇后回到宫中没多久，就派了一名手艺高超的御厨来到家乡，将马蹄酥的制作方法传到了那里。后来，唐代开拓闽疆，又将这种名吃传到了闽南地区。

来到传统的马蹄酥作坊，只见一个个手法熟练的师傅，先将面皮切成块状，然后捻起面皮，犹如蜻蜓点水般将酥油点在面上，然后缓缓用力，均匀地推开面皮，好似打太极的气势。经过反复推揉，最后成为饼状，再卷起来包馅。没过多久，就可以看到从烘烤大缸里取出来的马蹄酥了，出炉的成品色泽金黄，极具诱惑。这种传统而古老、耗时又耗力的制作工艺，制作出的马蹄酥，有着机器制作难以比拟的美味。

检验马蹄酥的正宗与否，有种简单的方法。将马蹄酥放在盛满开水的碗中，正宗的马蹄酥会自然化开，然后溶入水中，质量差的则糊成一团，最后沉到碗底。传统制作方式相对来说效率不高，产量有限，所以在和面、烘烤等工序上，有的已经采用机器替代了。现在手工作坊制作的马蹄酥不仅经过了质量体系认证，在礼品包装上也会有独特的"手工制造"认证标志。

在同安，"坐月子"的妇女，床头往往摆满了亲友送的马蹄酥。因为食用马蹄酥，可避免产后遗留疾病，是著名的"月子补品"。感兴趣的游客可以多备上几盒，送给有需要的"月子"妈妈。

平均消费： 25元。

推荐店家： 阿吉仔馅饼、双鹿老铺。

口味特色： 外皮酥脆，内陷香滑。

茯苓糕——切不可以吃猛了

茯苓糕，是闽南地区的传统手工食品，用茯苓和面粉作为主要原料。茯苓糕又称"复明糕"，和厦门不少小吃一样，茯苓糕也有人文故事。茯苓糕种类繁多、营养丰富，但如果过量食用可能会引起上火。

就皮肤保健来讲，茯苓糕是一种极好的食物。捏起来软绵绵，蒸好的茯苓糕洁白如雪、冒着丝丝白气，让人垂涎欲滴。一股淡淡的清香让人忍不住咬上一口，香甜爽口，细软热滑。

茯苓糕有一段时间不叫茯苓糕，有个很上纲上线名字，叫"复明糕"。当年，郑成功在厦门岛集结部队，立志反清复明。那时风声挺紧，之前没多久，清军攻占同安、屠城三日，有三万多无辜的百姓惨遭杀害。

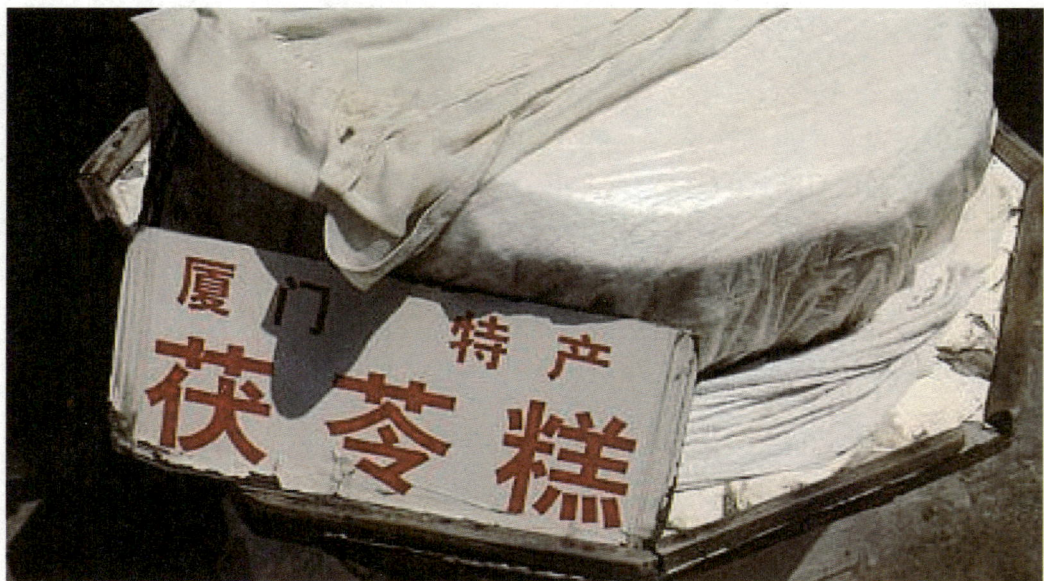

茯苓糕小摊

因此，当时的反清组织，随便什么消息也不敢公开传递。为了便于联络，有个聪明人想到了主意：厦门人不是爱吃小点心嘛，尤其那种用茯苓做的糕，更是家喻户晓，满大街都是叫卖的，何不混迹小商小贩中，售卖一种特制的"茯苓糕"。怎么特殊？在这种糕中夹带小纸条，附带联络信息，清军怎么样也想不到"茯苓糕"里原来还有门道。"茯苓糕""复明糕"，因为谐音，很快被人记住了。然后，就靠这"复明糕"，很多散落民间的反清人士都找着了组织。

茯苓糕的历史很久，流传下来关于茯苓糕的文字多着呢，正宗的茯苓糕可是很讲究的。苏轼的《东坡杂记》中就有对茯苓糕的记载，苏轼本人，不仅爱吃茯苓糕，还亲自制作。他曾经说，久食茯苓糕，必然"颜如处子"，这主要是因为茯苓有健脾益气、补虚延年的功效。除了茯苓之外，还可以选择山药、栗子、核桃、芝麻之类的原料，更有强筋补脑、健脾利湿的效果。茯苓糕在厦门很多地方都能见到，主要的售卖方式是推车和小摊贩。茯苓糕价格不贵，口感也很好，而且厦门的茯苓糕与其他地方产的有些区别，很值得一尝。不过，即使是有这么多好处的茯苓糕，到厦门的游客也不能太过贪吃，否则上火了可不会太舒服。

平均消费： 5元。

推荐店家： 龙头路街心花园茯苓糕。

口味特色： 香甜爽口，细软热滑。

厦门馅饼——来厦门的最佳礼品

厦门馅饼是一种已经有百年以上历史的传统食品，其中的鼓浪屿馅饼更是声名远播。鼓浪屿馅饼并不是指鼓浪屿出产的馅饼，而是指"鼓浪屿"牌馅饼，现在仅在厦门唯一的一家老字号饼铺制作出售。

馅饼在厦门的著名小吃中有着绝对的人气，许多没能来厦门的游客，都会选择在网上购买厦门馅饼。像本书前面介绍的"Baby cat私家御饼屋""赵小姐的店""滋滋情书巅"等，都以馅饼闻名。不过，要吃真正的老字号"鼓浪屿馅饼"，还得去大同路64号的鼓浪屿饼铺。很多人可能没想到的是，厦门馅饼的出名竟然与物资短缺有关联。改革开放以前，计划经济体制下老百姓有着许多不方便，尤其是粮食食品，可不是有钱就可以买的，有时候能吃饱就不错了，哪能谈什么"食不厌精，脍不厌细"呢？厦门馅饼其貌不扬，但口感酥细、料美馅多、口味众多。

传统厦门馅饼选用上等面粉、猪油和精选绿豆为主料。厦门馅饼还分为两种。甜味馅饼是以绿豆沙为馅，加猪油、白糖烘焙制成。咸味馅饼则是以肉丁为馅，加猪油、白糖烘焙制作成。用皮酥馅靓来形容厦门馅饼，真是毫不夸张的赞美了。

在改革开放以前，各种物品都比较稀缺，尤其是粮食食品，更是短缺。厦门的馅饼因口感香甜酥细、湿润冰凉、口味繁多，深受喜爱。于是厦门馅饼便随着广大游客流向全国、流向世界，逐渐成为厦门著名的地方特产之一，其中以"鼓浪屿"牌馅饼名气最大。现如今仅仅厦门的一家老字号饼铺有售。

现在的厦门馅饼，外表还是同从前一样质朴无华，内在却发生了翻天覆地的变化。老婆饼、香肉饼、椰子饼、绿茶饼、海苔饼、素饼，还有水蜜桃、荔枝、葡萄、桂圆、菠萝等口味馅饼。到厦门旅游的游客，厦门馅饼绝对是馈赠亲友的最佳选择。

厦门馅饼

平均消费： 20元。

推荐店家： 阿吉仔馅饼、日光岩馅饼作坊、汪记馅饼、赵小姐的店。

口味特色： 香甜爽口，细软热滑。

厦门鱼丸汤——盛怒下的美食

厦门鱼丸汤是鼓浪屿的四大名小吃之一，采用野生鲨鱼精心制作，外皮又糯又软，弹性十足，加上鲜嫩多汁、馅料可口、汤头浓香四溢，是当地人的心头爱。

鱼丸的"鱼"，跟年年有余的"余"同音，而"丸"是圆圆的，沾着些许喜幸的味道。大概是因为这两点，闽南人民对于鱼丸有着不一般的感情，过年过节，摆宴设席都少不了它。

鱼丸汤的做法是先将草鱼宰杀洗净剁成蓉，加入淀粉、水制成鱼蓉，用勺制成小丸子；胡萝卜洗净切成片，芹菜切成丝，姜切片；再坐锅点火，放入清水，水开后放入油菜、胡萝卜、芹菜、姜片，开锅后加入盐、白糖、鸡精、鱼肉丸，待丸子变成白色时加入胡椒粉，淋上香油即可。

在厦门，想吃到正宗的鱼丸汤，还得去"原巷口"鱼丸汤，那是真正的老字号，现在已经成立了品牌管理公司。老店还在，价格实惠，老少咸宜。

平均消费： 20元。

推荐店家： 原道口鱼丸铺、林记木担鱼丸汤、南方澳鱼丸汤。

口味特色： 弹性十足、鲜嫩多汁、馅料可口。

土笋冻——色香味俱佳

土笋冻是厦门最著名的小吃之一，它的原料是可口革囊星虫。传说土笋冻的发明与郑成功有关。这种美食爽滑可口，口感尤为独特，受到游客们的广泛欢迎。

　　土笋貌不惊人，它只有人的手指长短，深褐色的外皮，外形粗糙，还有一条诡异的尾巴，初见它的人，心里面不免有说不出的别扭。然而，就是这种貌

诱人的土笋冻

不惊人的小虫，制作成的土笋冻，却成为厦门游客众口相传的美食。可见在饮食方面，智慧的厦门人，真是善于"化腐朽为神奇"。

各行各业都想要有个风光的祖师，例如：编草鞋的要将刘备认作祖师，算起来有点牵强附会。刘备在和关羽、张飞认识之前，确实以编草鞋为职业，然而对于这个行业，从没听说刘备做过多大贡献，而鞋匠们毫不理会，仍然对他们的祖师爷津津乐道。小吃行业也有类似的情况。在厦门，许多传统小吃都把民族英雄郑成功作为发明人，多少带了点攀附的味道，但归根结底，还是源于民间对郑成功数百年不变的景仰和崇敬。

据说，当年郑成功收复台湾时，就算粮食紧缺，也从来不问老百姓张口。曾经一段时间，郑军驻军附近的海滩上有一种叫作"土笋"的海虫，因为胶质丰富，适合熬汤，所以郑成功和士兵们都经常喝土笋汤。一次，郑成功事务繁忙，也没顾得上吃饭，等忙完回过头来，准备好的饭菜都已经凉了，他想，随便将就吃点就好。没想到，凝结成冻的土笋汤，味道竟然惊人的好。后来，"土笋冻"就传开了。

关于土笋冻的传说还有很多，有一个就是在盛产土笋冻的安海镇西坡村，这里的村民也流传一个关于土笋冻的传说。据说，在明嘉靖年间，戚继光到安海抗倭，粮食短缺，抗倭的士兵就到滩涂上捕捉一种海蚯蚓煮汤喝。戚继光在最后用餐时，发现只剩下凝结成胶状的海蚯蚓了，所以他就拔出佩剑切了一小块品尝，出乎意料的是这凝结的土笋冻竟然比虾蟹的味道更鲜美。随行的厨师知道后，就依照此法进行研制，从此"土笋冻"便传开了。

传说归传说，据考证，土笋冻最早盛产于晋安的安海镇，后来才流传到了厦门。用于制作土笋冻的土笋，其实是"黑土蚯"（学名叫可口革囊星虫，闽南有的地方称为沙虫），在福建的沿海特别多。近些年由于捕捞过度，厦门、泉州和龙海等地方的土笋已经灭绝了，再也见不到踪迹。现在游客们吃到的土笋，大多数是从江浙运过来的。

厦门最著名的土笋冻要算西门土笋冻。那里的土笋冻制作讲究，首先，一定要选择新鲜的土笋，然后一遍遍洗净，淘尽泥沙，然后用水煮。冬天和夏天，不同季节用水的多少、煮时的长短，都有不同。总之，制作的过程失之毫厘，口感就差之千里。试想，各地多多少少都有吃鱼冻、羊肉冻之类的食品，然而形成品牌，并获得广泛的赞誉，毕竟微乎其微。西门土笋冻是行业里的佼佼者，专注于品质和口碑是西门土笋冻八十多年长盛不衰的主要原因。当年，品牌刽始人老廖从安溪来到厦门，十多岁就开始学做土笋冻，技艺精通后出师自立门户。当时做这行的并不多，老廖就以此手艺养家。老廖的土笋冻是挑担贩卖，有些想吃的人等上半天一天也碰不上他。后来，老廖每天傍晚时分，都来到中山公园西门那里，停担歇息，要买的人都去那里找他，他的"西门土笋冻"也越来越有名。老廖有9个儿子，后来，最小的儿子接过父亲的手艺。和叶氏麻糍不同，从1992年开始，小廖正式在店铺里经营西门土笋冻，西门土笋冻从此由"行商"变成了"坐贾"，不过，地点还是那个地点，味道还是那个味道。

喜欢土笋冻的人，不分阶层，也无论老幼。很多下班的厦门人，路过中山公园或其他土笋冻的店子，来上一碗小粒土笋冻打包回去，似乎成了习惯。厦门游客如果玩了一天，满怀疲惫地回旅馆的途中，看到"天河西门土笋冻"招牌温黄的醒目的灯光，也可以带点回去。

平均消费： 30元。

推荐店家： 天河西门土笋冻、老二市口土笋冻、八市土笋冻。

口味特色： 爽滑可口、口感独特。

沙茶面——酱香源南洋

厦门沙茶面，又称沙嗲面，是厦门的招牌面，也是闽南的特色小吃，曾被美食杂志评为中国最好吃的面食。厦门沙茶面口感极具地方特色，很容易让游客一吃上瘾，如果脾胃失调，吃沙茶面对健脾开胃有很好的效果。

　　对于第一次听说厦门沙茶面的游客来说，如果以为，沙茶面就是用沙茶酱拌的面，那就大错特错了。除了沙茶之外，面里的配料五花八门，像鸭心鸭肠、鲜鱿鱼、虾仁鱼丸、猪肝猪腰、豆腐干等，需要和沙茶汤一同余熟，扣在煮好的面上，内容非常丰富。厦门遍地都是沙茶面店，同其他传统小吃不同，沙茶面店并不只有一两家出名，而是很多面点都有名。这是因为厦门人对沙茶面的口味比较挑剔，而且每家店在面汤、配料方面，都有自己独到的特色。口味丰富的且种类众多的沙茶面店，对于游客来说，应该不是件坏事吧。

　　沙茶是个舶来品，起初是由厦门等沿海城市逐渐进入内地的。最早，沙茶应该读作"沙嗲（diǎ）"，是来自印度尼西亚的一种汁酱。在厦门，饮茶成风，不少生活习惯都跟茶有关。厦门方言中的茶，和普通话的"嗲"谐音，久而久之，"沙嗲"就变成了"沙茶"。

　　18世纪末的厦门人多以捕鱼为生，在南普陀有一对母子相依为命。早年，男人因出海失踪了，没想到儿子长大后也在一次风暴中没能回来，他的母亲眼都哭瞎了。不过那小伙子正巧被印度尼西亚的商船所救，漂流到南洋。因为没有回来的路费，他只能一边在当地工作一边攒钱。转眼两年过去了，小伙子无时无刻不在想他年迈的母亲。在印度尼西亚，他发现当地人煮肉时喜欢加一种叫沙嗲的东西，便留了心眼。几经周折，他终于打听到回厦门的商船。他带上一些香料的种子和几包沙嗲粉登上了船。急匆匆回到家，发现母亲不但眼睛瞎了，牙齿也掉光了，并且因为太过操劳，连味觉也不太灵敏了。看到这情形，他心里很难受。为了让母亲尝出点味道，小伙子想尽了办法。一日，他将花生捻碎，洒在煮好的面条上，这是小时候母亲常给他做的。老人尝了后，竟然有了点味道，就是觉得淡了。小伙子四处找盐巴时把从印度尼西亚带回的沙嗲粉翻了出来，他觉得，为什么不试试沙嗲粉呢？于是，他稍微往面上撒了些。母亲刚吃一口就说："孩子，这面条怎么这么好吃啊？"小伙子也尝了尝，确实美味。也许就是这孝的力量，让他不仅治好了母亲的味觉，还发明了一种新的面。后来，为了照顾母亲和生计，小伙子每天挑着沙嗲面，去码头摆面摊，渐渐地，沙嗲面竟成了码头渔民靠岸解馋的理由，名气越来越大。

在中国，南北方对于吃面的讲究有所不同，北方重面，一定要爽滑面韧才好；而南方重汤，必须要汤鲜人味。沙茶面虽是南方饮食，却兼具这两个特

乌糖沙茶面馆

点，既注重汤又注重面。沙茶面的汤头，必须选用上等的虾头腌制两个月，并与虾酱和其他作料（花生油、花生酱、蒜头、葱头、红辣椒、沙茶粉、糖等）用油炸透，最后加入咖喱、五香粉、芝麻、辣椒粉等制成。其中既有南洋的沙嗲调料，又有本地的特色调料加入其中。

厦门有一家乌糖沙茶面，从不用冰冻的原料，汤头独特，在微辣中有沁人的清香。不过那里的沙茶面不便宜，一碗面的价格是其他家的几倍。许多食客开着车去那里，只为找这家小店面。这家店不仅在厦门出名，连不少境外的媒体都来采访过呢。

平均消费：15元。

推荐店家：乌糖沙茶面、四里沙茶面、开禾沙茶面、丽华沙茶面。

口味特色：口感独特、配料丰富。

品功夫茶——高品位的休闲方式

厦门是功夫茶的起源地之一。厦门人多数爱喝乌龙茶，比如安溪铁观音；厦门人喝茶时讲究茶之五境，即茶具、火候、茶叶、环境、茶水。

功夫茶，又名工夫茶。品功夫茶不仅要熟悉泡茶的技法，最重要的是要花工夫。懂茶的人都知道，中国人饮茶的历史可以追溯到南北朝时期，最早是某个寺庙的僧人，发现这种植物泡水很好喝，茶水的清淡气质与寺庙生活也很符合。后来，茶叶以及喝茶的方式，才推广传播开来。唐朝人喝的茶可有意思，他们煮茶不光有茶叶，还有姜、辣椒、大料等，按现在的说法，那不是茶，而是类似于火锅底料的东西了。宋朝人喝茶特别讲究，文人家里通常都有专门喝茶的房间，甚至是单独的小屋子——茶寮（liáo）。茶寮有的建在山上，有的在溪涧旁，总之必须清雅安静。茶寮的作用只有一个，就是饮茶，房间里摆放着数十种冲茶、品茶的工具，可见当时人对于喝茶文化的重视。功夫茶就是在那时候诞生的，在全国都很流行。日本的茶道，大约也是那时候从中国传过去的。广东、福建等地尤其特别盛行，苏辙有诗曰："闽中茶品天下高，倾身事茶不知劳。"说的就是当年的情形。

功夫茶不仅与地方有渊源，与名人也有渊源。周作人在《关于鲁迅二三事》一文中描述了鲁迅泡功夫茶时的情景："鲁迅在写作时，习惯随时喝茶，又要开水。所以他的房里，与别人不同，就是三伏天，也还要火炉：这是一个炭钵，外有方形木匣，炭中放着铁三角架，以便安放开水壶。茶壶照例只是急需，与潮人喝功夫茶相仿，泡一壶茶只可二三个人各为一杯罢了。因此屡次加水，不久淡了，便须更换新茶叶。"鲁迅极爱功夫茶，源于他当年在厦门教书的经历。厦门当地特有的饮茶文化和鲁迅的生活紧密相连，甚至隐隐流露在他的文章中。散文家汪曾祺在《寻常茶话》中回忆在老友巴金家喝茶的情形："1946年冬，开明书店在绿杨村请客。饭后，我们到巴金先生家中喝功夫茶。几个人围着黄色的老式圆桌，看陈蕴珍（巴金之妻）表演濯器、炽炭、注水、

功夫茶所需茶具

诱人的色泽

淋壶、筛茶。每人喝了三小杯。我第一次喝功夫茶……"文人喜茶爱茶，找的妻子也深为懂茶之人。对于一大批爱功夫茶的文人而言，他们不仅仅是了解、研究茶文化，更是发扬茶文化。古往今来，正是有了无数爱茶的文人，中国的茶文化才会如此丰富。

梁实秋先生在《雅舍小品·喝茶》中说："茶之浓酽胜者莫过于功夫茶。"厦门人也许正是深谙此道，所以尤其爱功夫茶。来到厦门很容易让人有种亲切感，厦门人认为：来的都是客，何必曾相识。背包客如果走在厦门的老巷，同居民随便聊聊，不出三五句，也许就会被邀请去骑楼的茶阵饮茶。如果客气地推辞，老街坊一定会热情地说："勿客气啦，一起来一起来。"实在盛情难却。功夫茶的文化，泡茶的美德修养，已经不知不觉融入了厦门人的气质当中。邀请三五个好友，在自家也好，茶座也好，把盏品茗，茶中弄功夫，佐以谈天说地，正是饮茶的乐境、至境。来到厦门的游客，不妨也去寻找功夫茶的乐趣所在吧。

平均消费： 40元。

推荐店家： 茶禅一味、一品古道茶馆、品心茶坊、古道茶馆、绿嘉园茶馆。

口味特色： 浓酽醇香。

第 7 章

感受宗教的氤氲

天界寺——钟声悠扬传古今

天界寺，位于鼓浪屿万石岩的西侧。昔日，寺僧晨间撞钟108下，非常有名，因而有"天界晓钟"之称，为厦门小八景之一。

　　天界寺，旧以"天界晓钟"而闻名。它始建于明太祖洪武年间，起因是金陵龙翔集庆寺着了火。金陵的寺庙着了火和厦门的天界寺有什么关系？原来，明太祖在他的"南京城"，不想再见到这座集庆寺。这个集庆寺，是元文宗修的，算是先朝遗迹。元文宗图帖睦尔是元朝第八位皇帝，1328年至1332年在位。总共就四年工夫，期间还因为内讧歇了半年多。老远跑到南京修座寺院，看来此事非办不可。事实情况就是，元文宗落难的时候，南京曾是他的福地。

　　图帖睦尔的父亲，乃元武宗海山。元武宗驾崩后，图帖睦尔没能接任皇帝。那时他还是个小孩，不太会计较这些事，但是数年后，图帖睦尔开始愤愤不平起来。即位的皇帝，元仁宗爱育黎拔力八达，并不是图帖睦尔的兄弟，而是亲叔叔。其实说白了，到图帖睦尔这辈，大权没握住。仁宗往后又经历元英宗、泰定皇帝两朝，这就近20年过去了。25岁的图帖睦尔心急如焚，只是没机会夺回皇权。直到天顺"小皇帝"登基，图帖睦尔似乎看到了一线曙光……那九岁小皇帝登基了一个月后，就下落不明了。

　　现在回顾这段历史，轻描淡写就过去了。然而，历史的经验表明，越是小孩越不好惹，因为他们背后都有强大的政治集团做后盾。耳熟能详的周公辅成王，后来的刘备托孤，没有哪个父亲愿意儿子被人欺凌的。所以图帖睦尔与天顺帝的较量，也免不了血雨腥风。要不是在南京躲着，恐怕就不是天顺帝失踪了。这就是元文宗福地的由来。

天界寺牌楼

天界晓钟的介绍

元朝结束时候，龙翔吉庆寺已经维系几十年了，仰仗朝廷关照，香火挺旺盛。可是明朝的"龙"，对这龙翔吉庆寺并没好感，着火正好，借此机会，朱元璋重修了一座"天界寺"，规模形制都超过了前制，匾额更是御笔亲书。

那厦门的天界寺又是从何而来呢？自明成祖迁都北京，南京城平添凄凉几许，天界寺香火也大不如前日。不久又着一场火，烧得一塌糊涂。僧人们想过募款重修，可是银子没够，事儿就搁下了。直到大清咸丰年间，天界寺旧址成了战场，彻底夷为平地。

"雨过帝城头，香凝佛界幽。果园春乳雀，花殿舞鸣鸠。万履随钟集，千秋人境流。禅居客旅迹，不觉久淹留。"

——明·高启《登天界寺》

民间对于天界寺，还是有感情的。虽然具体的重建日期不可靠，但是，在依山傍海的厦门本岛上，天界寺重获了新生。每天都有一万多双脚上山来，为了听听天界寺的108声钟响。头顶醉仙岩，寺门口有口仙井，据说井水酿酒味道绝好。究竟多少神仙到过天界寺，也没人能说清。倒是"问仙路""仙迹石"，还有仙人下棋的"石棋局"等印记，表明神仙们的确来过。

如今的天界寺既是厦门佛教重点开放寺院，也是旅游开发的主要景区之一。海内外的十方信徒和游客纷至沓来，络绎不绝。

门票： 免费。

开放时间： 6：00—18：00。

交通导航： 乘坐51路、52路、53路、202路等公交车可到达。

同安孔庙——祭祀孔子的场所

同安孔庙坐落在同安县城东溪西畔，始建于五代，现存的建筑是清朝乾隆年间重建的大成殿。同安孔庙里陈列着200多件从全县各地收集的石雕、碑刻，神态各异，造型逼真，人称"同安兵马俑"

同安孔庙始建于唐末五代时期，现已改造成为同安区博物馆了，成为对外展示同安区历史文化的一个窗口。司安孔庙的不少老建筑是在朱熹的主持下修缮的，那时他正出任同安主簿。封建朝廷屡次改弦更张，老孔庙的大部分建筑在当时已经破败不堪了。经过朱熹的重修，孔庙重新焕发了光彩。后来，主殿大成殿在清乾隆年间又一次大型重修，也是沿袭了朱熹的建筑理念。

同安孔庙

　　同安孔庙改成同安博物馆后，馆内的展区，划分了室内与室外两大部分，从不同角度陈述了这个历史建筑从前的风貌。室内主要看大成殿，其中布置了："同安重要史迹陈列""同安历史名人陈列""馆藏文物陈列"三个板块。露天则要看石雕，有人物、有动物，总共二百余件精贵的展品。

　　公元282年，晋武帝司马炎太康三年上，同安立县。南宋高宗绍兴年间，朝廷到同安建城，最初取名"银城"。这个名字也很有意思，因为同安城东西长南北短，很像个银元宝。打这以后，同安以城市的身份进入了属于它的历史舞台。

　　同安史上发生过几起波澜壮阔的大事件，都跟打仗有关。明末清初那时，新旧两股势力在同安地面较上了劲。一方面，清军抢攻福建，同时，明将郑成

孔庙外观

功死守厦门、金门两地不放。在七天的战斗里，据粗略统计，至少5万军民死于非命，排水沟里瞅不见污水，全是血。最后，同安城头挂上了清朝大旗。

清军杀也杀了，占也占了，索性就断个彻底。清军对所有当地居民下了驱逐令，郑成功的台湾也好、东南亚也好，到哪儿都行，总之所有本地人都不许留在故土。清军驱逐令一下，同安孔庙的明伦堂里，有人趁夜吊死梁上。宁断头不断根，这是土生土长同安人的信仰。这个人叫陈孟鼎，明熹宗天启年间举人，早年是郑成功手下一名部将。听闻家园沦丧，陈老爷子对世间再无留恋，选择了这样的形式做告别。之后，同安人走的走，散的散，同安城眨眼空了，人们含着眼泪儿踏上了另一片陌生的土地。台湾相对近便，于是入台的同安人占了不小的比例。因为当年的那段历史，所以台湾岛好些居民，寻根问祖都找回福建来。陈孟鼎之子陈永华匆匆安葬老父，也汇入了东去台湾的人群。

到台湾后，陈永华子承父业，成为郑氏大营一员干将。其人最擅长谋略，带兵打仗同样威风八面。东渡台湾之后，暂未有大战事，所以生民稍得以喘息，这段时间也成就了台湾的初步繁荣。陈永华在这段时间做了许多好事，他先是领导军民垦荒务农，参与制定、健全社会制度，又兴办学校培养教育下一代。差不多20年光阴逝去，台湾岛富裕安定，制糖产业初具规模，地方上很少发生偷鸡摸狗、打架斗殴之类的事件。郑成功赞曰："复甫今之卧龙"。复甫，就是陈永华的字，能比于诸葛亮先生，可见陈永华确实很有才华。

在郑成功去世后，郑氏小朝廷盘踞台湾岛，倒不下去也站不起来。虽然没有抛却反清复明的要务，但郑氏的小一辈们日渐失去了斗志，反将心思用在了争权夺利上头。清康熙十九年，对郑群败家孩子的窝里斗，陈永华实在看不下去，于是辞职。虽说是看开了，但陈永华心里也舍不得，纵然不是生在台湾，好歹也是第二家乡，况且几十年的心血，辛苦建立的基业，估计是保不住了吧。这样想着，陈永华不久也郁郁而终。在临终前，他还思念着家乡同安的故土。

馆内颇有特色的建筑

馆内的人物石雕

馆内

　　自己称赞自己不算，只有外人不经意地夸赞才弥足珍贵。清人的《榕村续语录》中，集中了民间对同安老乡陈永华的评价："训农讲武，招商兴学，廉洁有干局，开诚布公推贤让能，盖希孔明之风范者。"勤政、廉洁、有公心，这几点甚至可以与孔明先生一较高下。如此高调的评语，既是老百姓的心声，也是编者李光地的评价。李光地是清初著名的大清官。陈永华身后安睡台湾嘉义，台南人民还为他兴建了永华宫，以期无论是同安迁来的人，还是当地人，都能长年累月在这里为陈公上柱香。大清国收复台湾之后，高度评价了陈永华，又将他的陵寝迁回了厦门。

　　如今走进同安博物馆看看，除了能知道许多风云变幻的历史往事，还能了解许多值得纪念的同安人。大明的清官林希元，一副菩萨心肠；少年才子蔡覆一，12岁著《范蠡传》，洋洋万言传颂后世；清末民族英雄陈化成，誓死抗击外国侵略者……

　　在这里，"兵马俑"不能错过；石制大马昂首奋蹄，全是唐朝气派；同安桥下千年石狮子，还伸懒腰呢；身高两米的翁仲神像，戴冠披甲……这么多各具特色的石雕，走遍各城市的博物馆也很少见。这些石雕，都来自本地和附近乡县，每个石雕背后，都有一段尘封已久的故事。

门票： 免费。

开放时间： 8：00—11：30；15：00—17：30。

交通导航： 乘坐公交67路、75路、76路、79路、92路、93路、106路可以到达。

五老峰——"佛"高一丈四

五老峰古名为五老山，位于福建厦门东南隅，又名"五老凌霄"，是清代的厦门八大景之一，也是1997年厦门的新二十景之一。立于五老峰上，美丽的厦门大学校园风光和厦门港景色一览无余。

云雾中的五老峰，宛如五位道行高深的老者，促膝于半天中打坐，颇有仙风。五老峰的巨石上，那个大大的"佛"字，是清末高僧振慧大和尚题写的，笔走龙蛇一气呵成。这个"佛"字高4米多，宽3米。字大心诚，既能照见天上的仙，又能引来世间的人。按现在的话说，这就是古代的"广而告之"了，上山下山朝佛的民众，数也数不清。

南普陀寺大雄宝殿

万寿塔

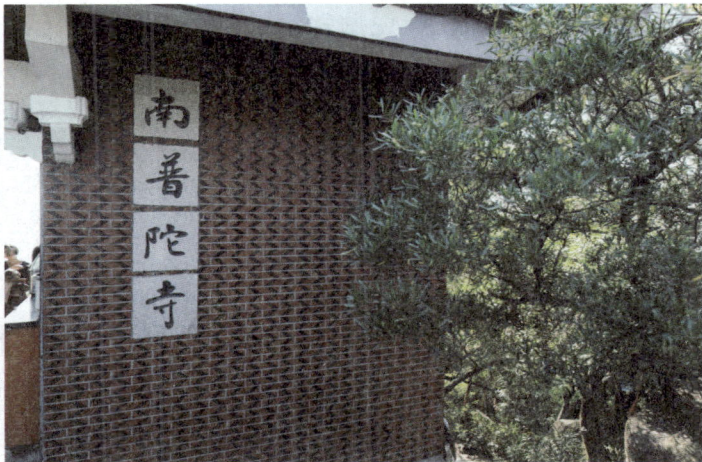

南普陀寺

　　"佛"底下就是五老峰南普陀寺，这座寺院约建成于唐朝末年。一千多年过去，寺中的香火仍然极盛。南普陀寺建成之初定名泗洲寺。元朝时，泗州寺院已经荒废了。明朝重修泗洲寺，并为之更名普照寺。清康熙年间，施琅大将军一举收复台湾，其后常驻厦门，这期间"普照寺"曙光重现，规模较前代扩大不少，将净土宗的观音菩萨也请了进来。净土宗，在浙江舟山有个著名的普陀山，是观世音道场。这里也信观世音，而且也在岛上，所以往后就被人称作南普陀寺。能带给人光明快乐的阿弥陀佛；能将人引入极乐世界的大势至菩萨；佛教护法神韦陀菩萨佛；似癫不疯的活佛济公……南普陀寺驻着好些大菩萨呢。

　　厦门在海西边，台湾在海东边，五老峰位于两者的中间。不知何时起，相思树在五老峰扎下了根，树上结满了红豆豆。相思树下长相思，这个由来也有渊源。春秋战国时，宋国第33代王末康王戴偃，品行恶劣，还抢别人媳妇。有个叫韩凭的士人，没认清宋康王的真面目，投到他门里做了宾客。韩凭之妻何氏长得好看，宋康王听说后就起了歹心。他企图抢占何氏。因为没得逞，就将何氏关进大牢，韩凭自知无力抗衡，于是自杀了。何氏不久也在牢里自尽。缺德的宋康王，不仅没有悔悟，竟然连死人也不放过。他将韩氏夫妇埋进两座孤冢，企图让二人永生永世不得再见。可好苍天终于开眼，不久，在那两座冤坟的上面，各自生出一棵新树，它们还紧紧缠绕在了一起。后世的人们就将它称为相思树。五老峰自古没有相思树，将相思树引到五老峰的这个人，应该也是有一段刻骨铭心的相思吧。

南普陀寺中有这样一幅字："观赏南普陀，缅怀日月潭"，字是著名爱国民主人士胡子昂先生所题。站在南普陀矗立远望，这里的景色与台湾的海岛风光非常相似，难怪胡先生会触景生情，盼望统一。海天东望，浩瀚无边，南普陀的僧人在这样的环境里潜心修佛，一定可以事半功倍吧。

来厦门的游客，一定要去的景点之一就是五老峰。它不仅景色宜人，风光旖旎，而且动植物种类繁多。在这里还可以见到奇特的喀斯特地质地貌造就的许多罕见奇观，它们具有雄、险、奇、秀、仙五大特点。游人到此，恰似置身于一幅神奇的油画之中。

门票： 30元。

开放时间： 8：00—17：30。

交通导航： 乘坐1路、15路、21路、23路、45路、47路、751路、841路、959路公交车，在厦门大学站下车。

灌口凤山庙——祥云朵朵伴真君

灌口凤山庙距集美镇只有7千米，始建于明朝。凤山庙不但与灌口的发展紧密相关，更与台湾、海外的"大使公信仰"关系密切。明末清初，灌口是郑成功反清复明的基地之一，郑成功收复台湾时，其将士将凤山庙传至台湾，至今香火极旺。

　　集美区灌口镇灌口街路北，有一座凤山庙。别看这庙门不大，两进院子到底了，但它却是海峡两岸民众维系情感的一条纽带。福建有凤山庙，台湾有凤山庙，那都是一支香分出来的。今日走进凤山庙，依稀还可由飞檐等细节处看出明代的影子。寺中大多数建筑，乃至楹联匾额都已经由清乾隆年间重新布置。乾隆皇帝对凤山庙非常上心，因为有一件事，让他觉察出了不太好的征兆。

　　乾隆皇帝喜欢旅游，那回游到了福建地面。这天，不知哪阵风不开眼，当乾隆帝兴致正高的时候，一下就把皇上帽子掀掉了，还顺带丢进了水洼子。这可不是小事，龙冠落地！跟随的官员也吃了一惊。好了，这下没心玩了，乾隆当日就要返回北京。前脚踏上北京城，后脚乾隆爷就急召钦天监工作人员进殿。因为前日帽子的事情，一众人等赶紧拾掇仪器，然后在天文台坐等日落。到得傍晚他们往南天一望，吓得脸都白了。什么不祥之兆呢？原来，南边有颗非常亮的星，虎视眈眈冲着中天紫薇垣，这状况可是多少年未见了。

　　皇上也抬头望向星空，只是看哪颗都一样，于是他转过脸等着回话。等了半天，没人吱声。"回，回皇上，臣等不敢说。"大臣诚惶诚恐。"没事说吧。"自负的乾隆一向觉得，龙威能震天，但这回听了专家们的分析，皇上还是紧皱了眉头。天上的紫薇垣，正映照人间紫禁城，天象很明了，南方的福建有"潜龙"，大清朝的帝位也许很快就要受它胁迫了。乾隆帝斟酌了半天，马上命人火速奔赴福建，立即去料理此事。去的这一帮人，最后把目标确定在九

凤山祖庙牌匾

跃山。这九跃山，朵朵祥云绕山游，山势如龙身。而这龙身，想飞又不想飞，所以跳了九跳，故得名"九跃"。往深处考察，这山中果然有一脉"不祥"的香火。

在明朝末年有位四川籍官员到同安赴任，临来也请了一炷香。请庙的这座四川庙叫作"李府清源真君庙"。所谓清源真君，是战国时秦国蜀都的李冰和李二郎父子。宋朝旧有诗云："江流怒未平，父功子其傋。"就是表彰李氏父子修筑都江堰、治水的功绩。李二郎是李冰的二公子，虽不及他爸爸有名，也很有才干。据说修都江堰时，岷江突起风暴，接着一连多日波涛翻滚，工程刚开始不久，眼看着没法再往下进行。就在李冰愁眉不展，对着岷江水发呆之际，李二郎来了。他让父亲暂且宽心，说他有办法。李冰一向觉得这二儿子平日游游逛逛，不务正业，怎么突然体谅起自己来。但转念一想，也是孩子的一片孝心，姑且让他试试，就算是死马当活马医好了。没想那李二郎，一个鲤鱼翻身，直钻入岷江去了。这可是滔滔江水啊，这一下，怎能还有性命？江边的民众一齐聚了过来，却没人敢救。

李大人这可慌了神，脚都吓软了，跟跟跄跄往江边跑去。好容易扒开人墙，李二郎还没影儿呢。完了，他长叹一声，泪水流了下来，这孩子到底为什么要做此蠢事，难道是我平日对他太过严厉，还是……然而霎时之间，江心突然鼓起冲天水柱，李二郎跟着冒了出来，人们眼见岷江水由泛红到深红。更让人惊异的是，李二郎竟然奇迹般地安然无恙，爬上了岸，而这时的岷江水，也平静地像个睡熟的孩子。后来人们才知道，原来是有条恶蛟霸着岷江，在江中作怪，阻挠都江堰这旷世奇功，现在被李二郎给制服了。没错，这李二郎定是二郎神转世。四川人民感激李冰父子，所以奉他们为"清源真君"，各地的称法不一。但是，只要有清源真君的庙里，往往也供着二郎神。那位四川官员到同安，也带了清源真君和二郎神庙里的香火。凭着这香火，后来他在凤山修的凤山庙，一直香火旺盛。

将听来这些事儿拾掇拾掇，乾隆爷忽地惊出一身冷汗，暗忖道：有朝一日，如果那凤凰振翅飞起来的话……实在太危险了。看来，必须尽快端掉凤凰巢。然而，乾隆为了一己之私，想要毁掉同安的风水，老百姓自然不愿意。县令这可为难了，一方面皇命难违，另一方面唯恐得罪凤凰遭了天谴。那几日里，县老爷绞尽脑汁，终于想出个桓对保守的法子，壮胆找皇上汇报去了：圣

凤山祖庙的牌楼　　庙内的大殿

上看能不能，给改成书院，凤山书院。到时争取多培养几个状元郎，为大清国效力。改书院也得动土，这样就不怕凤穴龙山再现转机。如此，既不至于过分刺激民众，也能达到朝廷的意思。乾隆考虑后点头同意了。

　　然而，自从建了凤山书院，同安再也没出过状元郎。当时造屋砌墙，遇到了奇怪的事情，一建就塌。难道是地基不牢？工人师傅们琢磨之后，狠狠往下刨了两镐。这下子，墙是砌上了，代价则是凤头受伤了。这只是老百姓的猜测。这件事上，唯一得利的是乾隆爷，因为处理了这件事儿，他稳稳做了60年皇帝。大清雍乾盛世年间，大量福建居民往台湾及东南亚地区迁徙。迁往台湾嘉义、台中、三重、云林、彰化以及仰光、曼谷等地的汉人，因为期望继续得到"凤山庙"的庇荫，相继在当地建起了"凤山庙"。台湾凤山庙的主神称为"王孙大使"，虽说叫法不尽相同，但香火还是那炉香火。

如今的灌口凤山庙意境重新修整一新，盘龙柱、石狮子、窗边的老少降龙图，各式精美的图形填满了灌口凤山庙，整座庙宇熠熠生辉。"大使泽长俎豆南海看万里，真君名重光风海峡借千秋"也是灌口凤山庙与台湾地区海外关系历史的见证。

每年旧历五月初四，灌口凤山庙庙门儿必定热闹非凡，那是二郎神的生日。这个凤山庙，已不是从前改过之后的凤山书院。若想知道来这里上香到底怎么回事，周围的乡邻会给你答案。

门票： 免费。

开放时间： 全天开放。

交通导航： 乘坐921路、932路、933路、936路、939路，在灌口中学站下。

慈济宫——悲天悯人大道公

推荐星级：★ ★ ★　　推荐星级：★ ★ ★

慈济宫位于厦门海沧区海沧镇，始建于南宋，历史悠久。其信徒遍及东南亚和闽台地区，影响极为广泛。慈济宫有青礁、白礁两处，两宫虽历经近千年的风雨，但仍保持宋代始建风貌，保留有许多宋元明清文物。

　　厦门青礁慈济宫共有三进院子，庙宇坐西朝东。与"青礁"相对，漳州还有座"白礁"慈济宫，它们都是主供保生大帝。保生大帝名叫吴本，是北宋名医，并非得道成仙的人。他在身后被民间奉为"大帝"，是因为他的德行实在太高了。吴大夫不是有钱人，家里常是吃上顿没下顿，可是他为乡亲们看病，还总往里头搭钱。有阵子福建沿海闹瘟疫，疾病一时间传播飞快，势不可当。

慈济宫

慈济宫

慈济宫建筑细节

吴本整天背着药囊，穿梭乡里舍药，为了救人性命，觉都顾不上睡。这之后，吴本的医术和医德传开了，远近都知道厦门出了个吴神医。

这一日，宋仁宗的养母刘太后突然病了，太医都诊治不了。吴本成名已久，这时他的名声已经远播到了京城，于是，皇上派人过去请吴本来京。吴本最拿手这类急症，没几天就药到病除。仁宗大大称赞了吴本。回到家乡后，当地百姓齐来迎接，并私下里称他为"妙道真人"，这个称呼一下子就传开了。

人们常说"天妒英才"，好人不见得都长命，北宋景祐三年，吴本在上山采药途中不幸坠落崖底。这对于当地人真是晴天霹雳。百姓痛惜吴本的早亡，认为是玉皇大帝太过自私，急着召他上天行医呢。第二年，老家漳州白礁村的老街坊们凑钱为吴本修了座庵，这庵就是"龙湫庵"。

　　"龙湫庵"照吴本生前的模样立了像奉于庵内。传说那时的乡里乡亲，遇个头痛脑热的小病，就去龙湫庵求求吴大夫。他们感叹人世间实在太苦，而良医实在是太少。因此，像吴本这样的有德医者千百年来一直活在人们心里，这就像人们至今怀念包拯一样。

　　南宋绍兴年间，福建海岸线来了海贼，打家劫舍抢姑娘，坏事做尽。事态越来越严重，朝廷也觉得脸上无光，几次派官兵前去剿匪。可是那群歹人深谙海性，官兵与他们战了几场都没能获胜。有的人开始去龙湫庵，祈求吴本保佑。妙道真人这名头，还真不是虚的——转眼间，虎背熊腰的盗寇集体出事儿了，牙疼肚子胀的，头顶生疮的……各种怪病缠身。接下来这帮匪徒，死的死，落网的落网，海边终于太平了。人们拍手称快，大道公吴本真的"显灵"了！

　　朝中吏部尚书颜师鲁，祖籍福建漳州，也算是吴本的老乡。听说了家乡发生的事情，他立即上奏高宗赵构，要求为吴本庆功。皇上看了奏章，也是龙颜大悦，立即下旨，派去监理，改造龙湫庵，并赐名"慈济庙"，建筑仿造宫殿的制式。承蒙朝廷关照，慈济庙更红火了，更加人满为患。于是，地方官决定在青礁再建一座慈济庙，因为此地曾是吴本炼丹制药的地方。这个庙，也就是今天厦门的"青礁慈济宫"。白礁慈济宫又称"西宫"，青礁那座则俗称"东宫"，这是以地理位置来说的。

　　往后，吴本更成了当地百姓的知心先生，不论天不下雨还是闹蝗虫，反正遇啥难事儿都求他。宋理宗赵昀刚继位，慈济庙改庙为宫，级别大大提高了。朝廷信赖吴本，又为顺应民心，先是给吴本封了忠显侯，再封英惠侯，又封灵护侯，正佑公，总之是各种荣誉称号。有天，一个官员向宋理宗递了折子，是关于吴本的，意思是说：吴本生前不慕虚荣，既已得道成仙，想必也不稀罕公侯爵位，不如就用民间对他的称呼，改封"真人"。这之后，官方承认吴本为"冲应真人"。到了宋恭帝赵㬎在位时期，给了更加响亮的封号，孚惠妙道普祐真君。

明代朝廷，仍然对吴本表示尊崇，朱棣追封吴本为"保生大帝"。明末清初郑成功转战台海一带，随行的福建军民，也不愿舍下保生大帝。现在据统计，台湾岛上供奉保生大帝的庙有二百六十余座，可见信奉之广。

青礁、白礁这两座慈济宫，雕刻艺术水平很高，用色更显功底，堪称闽南匠师呕心沥血之作，被奉为各地慈济宫的祖宫。自明末清初传入台湾后，流传至今。每年都有甚多的台湾同胞遥拜或组团来此寻根问祖，络绎不绝。每次导游都会为来到这里的游客介绍，如果摸一摸吴大夫捣药的石臼，一年都不会得感冒。具体这石臼是不是真物，已经不得而知，但百姓对吴本的敬仰喜爱，千年未变。

青、白礁慈济宫不仅是纪念吴本的宫庙，也是闽台传统文化交流的历史见证。

门票： 免费。

开放时间： 全天开放。

交通导航： 从厦门岛内坐803路（轮渡—角美）直接到青礁慈济宫，也可坐71路、72路、73路、83路、95路、808路、809路、810路到海沧房地产站，再转451路、803路到青礁，白礁站。

梵天寺——与名儒朱熹渊源深厚

梵天寺坐落在同安大轮山南麓，隋朝开皇年间创建，是福建最早的佛教寺庙之一。除了与大儒朱熹关系密切，梵天寺历来高僧辈出，香火颇胜。著名的弘一大师和台湾佛教导师印顺法师都曾拜访过梵天寺。

　　2012年，海峡两岸汉字艺术大展在梵天寺文公书院开幕，台湾中国佛教会理事长、中华佛寺学会理事长净良长老等众多佛学知名人士参加了这次活动。梵天寺这样一座寺庙，为何在中国内地、台湾、香港和澳门具有如此的影响力？这不能不提到宋朝的名儒朱熹。梵天寺始建于隋朝，原名兴教寺，宋熙宁二年改名为"梵天禅寺"。梵天Brahma，是佛教词汇，音译婆罗贺摩、梵摩。意译清净、离欲。朱熹任同安主簿的时候，经常来梵天寺，并留下了许多

梵天寺

摩崖石刻。梵天寺寺院依山势延展，颜色怡人。朱熹刚到同安不久，就创办了同安县学，当时的"县学"，是地方上最高的教育机构，对于提高百姓的文化水平、培养高级知识分子．意义不言而喻。朱熹动用自己的能量，为县学尽可能多地购置图书资料。这之后，他开始整顿县学，最后整理出一百九十多卷的历史文献资料。这就相当于搜集整理地方史，让后人了解同安的历史演变，提高本地人的乡土认同感、自豪感。高宗绍兴二十五年，朱熹立同安人苏颂祠于县学，借以鼓励后学。已故丞相苏颂是宋朝非常著名的发明家、科学家和天文学家，名传后世。除此之外，朱熹还做了许多惠民的实事，老百姓受益颇多。平时事务繁忙，再加上要敢变革，申请些项目时总会遇到些阻拦、障碍。一旦兴致勃发或者愁眉不展的时候，朱熹就到梵天寺，借着碑刻等，记叙自己为民的心迹，以及工作上的艰难。这些到后来，都成了研究朱熹的重要资料。即使到了元朝，到同安的文人都这样说："同安多古碑刻，凡朱子所撰述者，邑人能成诵之，彼岂为虚敬哉！诚之感人者，久而不泯也。"（林泉生《大同书院记》）大意是说，那时的乡人对于几百年前朱熹留下的古碑刻，都能默读成颂，实在是影响深远。梵天寺在元朝末年毁于战火，明洪武年间重建。王京建筑的仰止亭、刘裳建的石瞻亭、林希元倡导的紫阳书院等，都是为了纪念朱熹。

正因为朱熹对同安，对闽南做出的贡献，他被后人誉为"闽学开宗"。清朝时又对梵天寺进行了维修，后来却历经磨难，数次兴废。"文革"期间，梵天寺成了同安看守所，文物古迹倒成了不少受冤犯人生活中难得的慰藉。后来，在当地人民和海外侨胞的建议下，厦门市政府决定复建梵天寺，并在1997年落成。新寺庙规模宏大，雄伟富丽。梵天寺现任的住持厚学法师，是台湾佛教印顺大师徒弟，50年来以复建梵天寺为己任，广结善缘、各处募资，最终使千年古刹重放异彩。梵天寺里，有前佛教协会赵朴初会长书写的楹联："梵行庄严广直德本，天人归仰常转法轮"。现在焕然一新的古刹梵天寺，既是学者专家研究"朱子学"的学术园地，又是海内外信仰佛教人士的宗教圣地。梵天寺与著名的远华影视城毗邻。去梵天寺除了要参观与朱熹有关的遗址外，婆罗门佛塔也不得不看。该塔建于宋代，四角四面均有极精美的浮雕装饰，在全国范围内极为罕见，被列为第一批省级保护文物。

到厦门旅游的游客，如果去妙释寺或者鼓浪屿的日光寺等寺庙参观，一定会发现，它们原来都是梵天寺的分禅寺。要看真正的大气派，还得来大轮山，到这个比南普陀寺还早300年、比泉州开元寺还早100年的寺庙看一看。

六角塔

旧建筑的檐挑

门票：免费。

开放时间：6：00—19：00。

交通导航：在厦门火车站可坐610路、617路，在厦门轮渡坐625路、厦56可达同安。同安距离厦门岛45公里左右，直达车1小时左右。

第 8 章

闽台情谊深几许

厦门台湾民俗村——海峡两岸情谊深

在厦门领略台湾风情，最好的去处莫过于厦门台湾风俗文化村。这里景点众多，除了欣赏建筑，还有各种风俗表演、游乐项目，是游客感受历史、了解台湾文化、休闲娱乐的绝佳去处。

    不少书上都说，厦门和台湾的风土人情很接近，何以见得？如果不去台湾旅游，可以到厦门台湾风俗文化村看一看。说起台湾民俗文化村，可是有历史呢，最早不是在厦门，而是在金门。

村中景致

　　1894甲午战争后，清政府和日本签订了《马关条约》，将台湾岛割让给了日本。台湾人民奋起反抗，有不少人也逃离台湾，来到了附近的岛屿。旅日的侨胞王国珍、王敬祥愤慨日本侵我国土，也离开日本来到了金门，住在王家的老宅子里。金门已经有不少从台湾迁来的移民，在同他们的交流中，王氏父子感受到，这些人对家乡台湾非常思念。这种思乡之情令他们很感动，当初在日本时，他们何尝不是这样思念家乡呢？父子两商议后决定，用他们在日本辛苦积攒的资金，在他们的老宅子附近，就是金门的山后村中堡，建一座台湾风俗的村子，让那些曾经的台湾乡民，在金门同样可以感受到家乡的生活气息。这个构想从1900年开始付诸实施，一共花了二十多年的时间才建成，全村一共有住宅16间，全部采用闽南传统的二进式建筑，是原汁原味的台湾样式建筑，此外，村里更有祠堂和私塾。这个村子，成了台民一个精神的归宿地，就算无法回到家乡，来这里看看走走，就仿佛找到了回乡的感觉。

　　转眼50年光阴过去，台湾历经了几次变迁，金门也饱经风霜，还曾有过战争炮火的洗礼。1979年，大陆向台湾释放了友好的信息，金门人也上下欢腾，感受到和平的曙光逐渐到来。金门县政府决定，对台湾民俗村进行复旧改建，并正式定名为民俗文化村，其中包括古官邸、礼仪馆、喜庆馆、民俗文物馆、休闲馆、武馆、生产馆，共七馆，向外地游客开放，受到两岸同胞的欢迎。

　　1989年，台胞黄景山来到厦门，对这个与台湾一海相隔的美丽城市，盛赞不已。后来他看中了厦门岛东部环岛路附近的黄厝，想在这里复制一个和金门台湾文化民俗村类似的民俗景点，而且赋予它集文化、度假、艺术、游乐于一体的多种功能。他的想法得到了厦门市政府的大力支持，项目共花了6年时间建成，民俗村以"山水有情，人间有爱"为主题，由三部分组成，本书前面提到的景州花园就是其中一部分，此外还有民俗街和金山松石园。民俗村环境优美，周围有金色的沙滩，还有奇木妙石、青翠山岗。大小景点包括台湾风俗楼、各类游乐设施、欧式风情建筑，相映成趣。放眼远眺，厦金海峡海涛澎湃，令人心旷神怡。

厦门台湾民俗村是全国唯一的一个台湾民俗村，它不仅能展现台湾独特的风俗民情、建筑风格及文化底蕴，更是一个让游客亲身体验台湾民俗的最佳旅游景区。

厦门台湾民俗文化村离厦门大学不远，来到厦门的游客们可以一边感受海风的清凉，一边欣赏四周的美景，附近还有寺庙供人膜拜。游客们如果是乘车前往景点，沿路可以欣赏到非常优美的景致，尤其是美丽的环岛路，当车驰骋在海边宽阔的马路，心也似乎要飞起来呢。

门票：通票76元。

开放时间：8：30—17：30。

交通导航：乘坐29路、47路、112路、115路、751路、857路、29路区间、旅游观光线可到。

闽台古镇——游走在追忆时光里

闽台古镇位于集美区后溪镇后溪村城内，是政府确立的第一个对台两岸交流基地。这里临山靠海，与台湾隔海相望，是一个具有台湾风情的古镇。闽台古镇颇具影响力，马英九、连战、王金平这里都有在亲笔题词。

　　爱情文化博物馆，不知道见多识广的旅游达人是否听过。不错，确实有这么个馆，就在厦门的闽台古镇。来到这个爱情馆，仿佛带人穿越时空来到不同的朝代，感受林林总总的古代爱情，如那些青楼韵事，白蛇娘娘和许家官人的故事，花前月下的浪漫传奇，还有《长生殿》那种被颂传千年不绝的爱情……甚至，这里还有些少儿不宜的内容，比如台湾鹿港小镇的摸奶巷等，如果是带小孩的游客，去之前可得考虑一下。

　　闽台古镇三面临海，一面靠山，从旅游的角度来说，是个绝佳的景点，但放到硝烟弥漫的岁月，这就是个战略要地。清朝的康熙，在平定了"三藩"的叛乱之后，提施琅为福建水师提督，加太子少保，让他负责福建的海防。康熙最担心的就是台湾的郑军打过来，如果那样，好容易平定的中国局势，说不

古镇内的一角

带游客穿越时光的爱情馆

定又得乱成一锅粥。施琅奉命来到厦门，发布了禁海令，仔细考察了厦门的地势情况，最后选定在古月港的海滩上修城池，并命名为"霞城"。施琅日以继夜，废寝忘食，一心为大清构筑海防要塞，一边整船，一边练兵，连军营中的武器制造，都要自己亲自督查。几个月后，水师开始有了点骁勇的模样。后来花了20年时间，最终在"船坚兵练，事事全备"的基础上，于1683年收复了台湾。至此，一生中数次变节、但又勇猛过人、天赋将才的施琅，终于结束了与郑家长达三代的恩怨。施琅平定台湾之后，霞城的居民逐渐过上了安居乐业的生活，成为闽南一带最繁华的的商业区域之一。"文革"中，有着数百年历史的霞城也没有幸免于难，许多古迹遗留被毁于一旦。

2012年，这个充满厚重历史的地方得到了诸多的关注。为了保护修复闽南原有的民俗文化，促进两岸的文化交流，恢复霞城的历史底蕴，地方政府决定牵头项目，由台商投资，将霞城开发成具有闽台风情的特色古镇，并命名为闽台古镇。现在的闽台古镇，除了众多人文风情和自然风景，还有一个博物馆群落，各种不同主题的博物馆，将古镇的文化底蕴，更加深了几成。这里还有难得一见的台湾高山族歌舞等闽台特色民俗表演等，让人即兴开怀，尽兴而去。

门票：60元。

开放时间：全天开放。

交通导航：乘BRT快1B路到厦门北站，乘坐公车936路、980路到城内站下车，车程约40分钟。

闽台古镇标志性建筑——功德坊

闽南神韵——震彻心灵的视听盛宴

推荐星级：★★★★

《闽南神韵》是第一台反映闽台风俗的大型现场演出，其中融合许多闽南和台湾共同的元素，包括郑成功、南音、博饼、闽台美食、木偶戏等，既表现了闽台文化的精华，也融入了海洋文化的精髓，自从首场演出开始，即受到热烈地欢迎，至今已演出上千场。

　　"台湾与闽南，五缘相近。同文同语同供一尊观音！两岸花与树，相思凤凰三角梅，也是姐妹亲！高甲梨园歌仔戏，檀板八尺笙箫胡，同醉两岸人！阿里山的姑娘美如水，厦门岛的少年壮如山，山水相依共吉祥！厦庇五洲客，门收万顷涛，五湖四海皆兄弟，天涯海角有知交！讴歌吧，讴歌欣欣向荣的闽南！"这样激动人心的台词，并不是出现在电影或者纪录片中，而是一台洋溢

极佳的舞台效果

着浓厚闽台风俗的大型演出——《闽南神韵》。《闽南神韵》的构思和创作源于中国厦门闽南神韵艺术团。该团成立于2009年，团中聚集了多位著名导演、音乐家、作家，除此之外，还有当地的舞蹈家、戏剧表演精英和木偶传承人，等等。这样庞大的团队，自然有着非同一般的实力，而《闽南神韵》的题材反映闽台割舍不断的联系，也受到普遍的欢迎。但是，这幕演出从构想到诞生并非是一帆风顺的。

据说，当年剧团的团长在有了演出雏形后，就这个演出的构想同厦门的相关部门领导进行了沟通。那位主管的领导有点犯难，因为，前不久，恰好有另外一个剧团也申请了同一个内容的演出方案。如果两个演出同时进行，无论是人才资源还是演艺资源的分散，说不定很难让观众得到最完美的视听享受。于是，这位领导同两个剧团分别进行了沟通，双方都表示，会尽力做到最好。最后大家商定了一个方案，两边各自进行创作、排练，一个月之后，拿出精心编排的演出来比一比，哪一方更优，则这一年同主题的相关演出都由这一方来出演。双方经过了一个月的辛苦之后，都拿出了各自的演出节目，可以说，在各个方面．两者都不相上下，唯独一个剧团的舞台串词更精彩。

"水做的闽南，幽雅的南音，古朴的方言，如竹的风韵，如兰的气质，处处充盈着似水柔情。这里，举世闻名的刺桐港、月港、厦门港，曾久久地被遗忘……今天，风云变幻，滔滔海浪，又一次把闪亮的珍珠卷进港湾。水做的闽南，鱼跃龙腾、洪波浩荡！"这样精彩的舞台旁白，令另一个剧团也赞赏不已。最后，峰回路转，甘拜下风的剧团愿意将自己的节目创意和部分演员提供给优胜的一方，双方合力打造出一台最美的闽台风情舞台史诗。

这台演出运用了270度超强多媒体、8声道音乐、3D成像、虚拟互动等声光互动技术，呈现出完美的舞台效果，其中传统和现代的元素并存，时尚和古典韵味同在，真是一场古与今的交响，给观众一个超乎想象的全新闽台新印象。《闽南神韵》在厦门的文化艺术中心上演，取得极好地反响，获得了"2009年厦门十大影响力事件""上海世博会厦门馆指定演出机构""海峡旅游博览会指定演出机构"等各部门颁发的诸多荣誉，多次随厦门政府代表团赴台演出，还到新加坡等国演出，同样反响强烈。在受到来自各方的回馈之后，《闽南神韵》进行了改版，并有了更多的特点，比如，《闽南神韵》的吉祥物"石敢当""活"了起来，竟然能说能唱；传承了新时代进取精神的惠女，竟然千变万化，跨越时空在全场贯穿；舞台注重了现场互动，使观众更多地与舞台人员同欢同乐；时尚感更加突出，现场效果在视听方面精益求精……

现在的《闽南神韵》，作为厦门文化旅游的重要产品，让来厦门的游客在演出中感受最原汁原味的闽南文化，触摸闽台非物质文化的精髓，是全国乃至全世界游客了解闽台的一扇重要窗口。整场演出共分6各部分，分别是"水做的闽南""宗教圣地""东南乐土""大海精神""英雄故乡"和"和谐家园"。演出在短短一个小时的时间里，从闽台的历史渊源、风情诗画到今日闽南的精神风貌，无所不包。前来的游客，沉浸在视听盛宴中的时候，也许想不到，或许身边的那个观众，还是专程从台湾赶来欣赏《闽南神韵》的呢。

门票： 135元。

演出时间： 厦门市每晚有演出，具体详情可咨询：0592-5116695。

演出地点： 厦门市文化艺术中心。

第 9 章

融入厦门的最速手册

方言词汇指南——经典厦门土语表

与普通话相比，除去发音方式的差别，土话当属地区方言中最有意思的。厦门说的是闽南语，其它方言区的人想要精通闽南语可能得花很长时间，这里列出一些厦门土话的常见用语。

汝/力：你。

伊：他。

好空：得到好处。

拦嘴舌：磨嘴皮。

这寡：这些。

冥代：什么事情。

番仔：外国人。早年南民多称中国以外的地方为番国或者番邦。海外交流的频繁，遂使得"番"这个字眼成了闽南语系中的常用字。例如番火等同火柴，番薯等同地瓜，番婆等同洋媳妇儿，番茄等同西红柿……

试水：尝试一下。

看人无：瞧不起人。

小可：稍稍。

仔：刚好。如听厦门人说四四仔正，那就是四四方方的意思。

加令：完整的。

厚酒：高度酒。

脱草鞋：接风洗尘。

风车：好说大话。

送顺水：送亲人出行，意为一路顺风。

边走边吃指南——厦门特色饮食

前面已经介绍了一些具有代表性的厦门美食，可惜，一章的篇幅难以将厦门美食的精华囊括其中，这里列出其它一些厦门的特色饮食。

1.油葱粿——厦门的中秋节有以咸仔果祭祖的旧民俗。将肉丝、荸荠丁、虾皮、米酱等丰富食材制成团状，淋上一层米浆，蒸煮而成。

2.糯米蟳粥——蟳就是蟹。蟳粥的主料是蟳肉和糯米。蟳粥清淡鲜美，开胃健脾，久吃不厌，是一道有特色的厦门风味小吃。

3.面线糊：宽汤细面条，也有加红薯粉条的。汤汁很别致，猪肉味、虾味和鱼味，都齐全。

4.炸枣：其中不含枣肉或者枣泥，只是做成了枣的形状。糯米做皮，白糖、芝麻、莲蓉馅儿，油炸而成。

5.糖葱饼：烤饼裹着花生贡糖，又酥又香。还可以就着肉松、芥末酱、酸萝卜一起吃。

6.炸五香：蛋香、鱼香、葱香、肉香，还有五香粉的香烩一起。外裹豆腐皮，入锅炸制。预备下口之前，蘸点儿沙茶酱，一点儿芥末酱……嗯，一定不止五香。

7.花生汤：纯白纯白的甜浇，有点像瓶装的花生露。但厦门著名的黄则和花生汤是有果料的，嚼嚼还挺酥的。

8.海参烧豆花：厦门豆花就是北方的豆腐脑，又白又嫩。豆腐脑好吃全靠汤汁，如果想尝海鲜豆腐脑，海参烧豆花是不错的选择。

9.菩提丸：椭圆形的黑球球，没有很好的卖相。不过老话说得好，包子有肉不在褶儿上，菩提丸内含二十余种名贵中草药，入口不太咸也不太甜，特别开胃。

10.豆包仔：用白糖水和糯米粉做皮，绿豆泥做馅，包成小团团。如果和面时加入蔬菜汁，豆包仔就是彩色的，粘粘甜甜，让人胃口大开。

11.炒粿条：将宽扁的粿条加入虾、香肠、鱼片、蛋、蚌类等食材，然后与佐料拌均匀，就是一盘色、香、味俱全的美食了。嗜辣的客人也可要求店主加入适量辣椒酱拌炒，味道很独特。

12.橘红糕：是厦门同安传统小吃。其外观光滑，色泽细腻诱人。入口柔软耐嚼，清香可口，畅销海内外。

13.豆包粿：是以糯米粉和绿豆为主料的一种美食。冷热皆可食用，保质期长，携带方便。如果食用时搭配花生汤或稀饭，更为爽口，风味独特。

14.双润糕：双润糕因其层次分明，咸甜合一，软弹细腻，深受人们喜爱。食用时将其蒸熟冷却后切块即食。可以做早餐或点心，嚼劲十足。

逛街指南——厦门特色商业街简表

推荐星级：★★★★

厦门不仅拥有旖旎迷人的优美景色，而且不乏商业街和名牌商场，各类家电、时装、珠宝首饰、工艺珍品、古玩字画等商品琳琅满目。一些特色商店、街边小摊、夜市和平价超市，也将带给你意想不到的惊喜。

1.中山路步行商业街：百年老街中山路，高档商场林立，街尽头即是大海。

交通导航：乘坐2路、3路、4路、10路、12路、23路、25路、27路、30路、32路等公交车。

2.五缘湾商业街：购物、餐饮、娱乐休闲全都包括。满眼的闽南小吃、闽南摆设、闽南建筑，它们由内到外，从小到大，共同彰显了闽南地方文化特色。

交通导航：乘坐7路公交车。

3.海峡小商品批发市场：头发卡子，衣服皮鞋，书包笔记本……凡是能想到的日用品，此地全有。立足厦门面向全国，辐射海峡两岸，最大限度为老百姓生活提供便利，就是这里的经营宗旨。

交通导航：乘坐16路、32路、99路、118路等公交车，湖光路站下车。

4.禾祥西路国际风味美食街：泰国，意大利，荷兰，西班牙……各国美食都有。想吃外国饭菜的游客，一定不能错过。

交通导航：乘坐10路、25路、99路、505路、656路等公交车，角滨路口站下车。

中山路步行街

5.厦门大学夜市：黑灯瞎火闲逛荡，拿个物件在手里，只观其形，不辨其色，这就是夜市的魅力。尽管商品不一定都物超所值，但这里的特色是热闹。厦大夜市不仅以场面壮观而闻名，满街书生气十足的买主们携带自己的闲置书本杂物频繁出现，更是地界内一大看点。

交通导航：乘坐1路、10路、15路、18路、21路、23路、45路、47路、505路、509路、610路、751路、841路、959路等公交车。

6.厦门台湾小吃街:曾是地摊街的人和路，现在是大陆首条台湾小吃街。这里有最全的闽南小吃，各色台湾的美食。

台北士林观光夜市、台中逢甲夜市、高雄六合夜市，不用去台湾的三大夜市，那些美味小吃这里都有。

交通导航：乘4路、25路、30a路、30b路、99路、107路等，到轮渡站、下车后就可看到小吃街；如果在靠码头下的车，由地下通道从大同路出口出来即可。

7.莲花温馨小镇：如果说中山路是馥郁逼人前调，那么莲花则是淡淡的尾调体香。来到厦门的人都会爱上莲花的购物环境，在这里逛街，可以家居随意，也可故作浪漫的穿上自己喜爱的碎花小裙，只要你觉得舒适，一切都可以。这里店面不大，却收拾得很干净，花上二三十分钟走一走也是不错的。

交通导航：乘3路、23路、40路、45路、73路、85路、505路、508路等公交车。

附　录

8条最值得推荐的厦门自助游线路

线路1：菽庄花园 — 观复博物馆 — 钢琴博物馆 — 港仔后海滨浴场

　　早上可以先去位于彭浪屿南部的菽庄花园，感受一下花园先藏后露、豁然开朗的特色。之后可以去参观厦门观复博物馆，欣赏具有闽南特色的中国古代传世文物藏品。下午可以先去钢琴博物馆，看看各种稀世名贵的钢琴。傍晚可以去港仔后海滨浴场的沙滩散步、吹吹海风，享受一下海滨美景。

线路2：日光岩 — 三一堂 — 怀旧鼓浪屿博物馆 — 笔山路 — 郑成功纪念馆

　　一大早可以先去鼓浪屿的最高峰日光岩看日出，然后登高远眺，俯瞰全岛的美景。附近的古避暑洞也很有特色。之后可以去看看建筑风格很有特色的三一堂。下午前往怀旧鼓浪屿博物馆，馆中展出2 000多件鼓浪屿租界时期的西洋民俗及生活用品，给人古朴、沧桑的感觉。然后可以逛逛环境怡人、风景如画、老别墅极多的笔山路。之后可以去郑成功纪念馆，瞻仰一下伟大的民族英雄郑成功。

线路3：林巧稚纪念园 — 黄荣远堂 — 世界名人馆 — 彭浪屿音乐厅

　　上午可以先前往林巧稚纪念园，在林巧稚墓前，缅怀逝者，祭拜这"万婴之母"。之后可以前往黄荣远堂，这幢别墅是西洋的、中国的、古典的、现代的风格相结合的典范，值得去欣赏一番。黄荣远堂不远处就是世界名人馆，这里有世界明星、球星、政治人物等近100多位栩栩如生的硅胶塑像。另外还有科幻剧场、漳州布袋戏等表演。之后可以去鼓浪屿音乐厅游玩，厅内以木质材料装修为主，采用全自然声的音响效果，听音乐会很有感觉。

线路4：厦门博物馆 — 风琴博物馆 — 海底世界

上午可以参观两个博物馆。厦门博物馆是一座综合性的地方博物馆，馆内有包括厦门历史等5个陈列室，是了解厦门的窗口。鼓浪屿风琴博物馆中的巨型管风琴"凯思文特"高达13米，宽12.5米，重35吨，共有7 451个风管和133个音栓，是目前国内最大的管风琴，值得一看。海底世界值得用整个下午时间来参观，漫步海底隧道与鱼共游，将是多么美妙的感觉。

线路5：南普陀寺 — 厦门大学 — 环岛路 — 胡里山炮台 — 曾厝垵

这条线路适合骑车旅行。早上先骑车去南普陀寺拜佛，这是闽南佛教圣地之一。寺内天王殿等建筑精美，雄伟宏丽，藏经阁珍藏的佛教文物也很丰富。从南普陀寺出来就到了被誉为中国最美丽的校园之一的厦门大学，在这里不仅可以欣赏美丽的自然景色，还可以见识到什么是"穿西装，戴斗笠"的建筑。出了厦门大学就可以沿着环岛路骑行，聆听海浪，轻拂海风，这条路是厦门国际马拉松比赛的主赛道。骑行中途可以停下来去参观一下胡里山炮台。线路终点是临海的小渔村——曾厝垵。这里远离尘嚣，保留着原始的美好。

线路6：五老峰 — 天界寺 — 万石岩 — 中山公园

早上起来先去爬五老峰，欣赏一下云雾缭绕的飘渺感。然后可以登上观景台俯瞰厦门大学的全貌。下午从五老峰上下来可以先去看看天界寺，喝口"醴泉洞"的泉水。之后可以前往万石岩，欣赏一下奇峰怪石飘忽在云雾之间，若隐若现的奇幻景色。傍晚可以去位于厦门市区的中山公园欣赏园中美景，散步休息，体验一下厦门的人文生活。

线路7：桥梁博物馆 — 狐尾山公园 — 海上明珠观光塔 — 白鹭洲公园

桥梁博物馆，坐落在厦门市海沧大桥东岸锚碇内，这是在大桥的锚碇里建起来的我国第一座桥梁博物馆。之后要去的狐尾山公园位于厦门市区，绿树成荫，风景秀丽，是一个天然的氧吧。公园内更有厦门市气象局和海上明珠观光塔等景点。海上明珠观光塔成花瓶状，是鸟瞰厦门的最佳观景点。白鹭洲公园最大的特色在于自然，徜徉其间，有一种回归自然的感觉。下午游玩过后，晚上还有音乐和喷泉表演，是人们夏夜纳凉的好地方。

线路8：金榜公园 — 园林植物园 — 景州乐园

上午先去金榜公园，它是厦门市区面积最大的综合性文化公园，公园内人文景观丰富，自然景观优美，荟萃了从唐至清的许多人文史迹。之后可以去园林植物园，徜徉在植物的海洋里，欣赏各种各样的奇花异木。从植物园出来，可以去景州乐园游玩。景州乐园在风光秀丽的"黄金海岸"线上，为一个大型游乐园。在这里不仅可以欣赏优美宜人的大自然风光，而且可以观赏丰富多彩的历史文化景观。